Romance Espírita

DEPRESSÃO

Uma história de superação

RICHARD
SIMONETTI

ROMANCE ESPÍRITA

DEPRESSÃO

Uma história de superação

CEAC
EDITORA

Ficha Catalográfica

S594d Simonetti, Richard

Depressão: uma história de superação / Richard Simonetti. -- Bauru, SP: CEAC, 2013.

208p.; 15x 23 cm

ISBN: 978-85-8279-010-6

1. Espiritismo – evangelho 2. Romance espírita 3. Aflição – superação I. Titulo.

133.93

Ficha Técnica

Revisores - Colaboradores
José Mauro Progiante, Evanilde Rossi Sandrão, Alvaro Pinto de Arruda

Capa
César França de Oliveira

Diagramação
Angela dos Santos Luiz

3ª Edição - março de 2015
12.000 exemplares
26.001 a 38.000

Edição e Distribuição

CEAC
EDITORA

Rua Quinze de Novembro, 8-55
Fone: 14 3227-0618
CEP 17015-041 - Bauru SP
www.ceac.org.br/editora/loja
www.radioceac.com.br
editoraceac@ceac.org.br

Interroguem friamente suas consciências todos os que são feridos no coração pelas vicissitudes e decepções da vida; remontem passo a passo à origem dos males que os torturam e verifiquem se, as mais das vezes, não poderão dizer: *se eu houvesse feito, ou deixado de fazer tal coisa, não estaria em semelhante condição.*

Allan Kardec, em *O Evangelho segundo o Espiritismo, cap. V*

Sumário

Apresentação
Desde Hipócrates

A depressão é definida como um mal de nosso tempo.

No entanto, se a considerarmos sinônimo de melancolia, constataremos que ela sempre esteve presente na vida humana.

Já Hipócrates, há dois mil e quinhentos anos, a definia assim:

Uma afecção sem febre, na qual o Espírito, triste, permanece sem razão fixado em uma mesma ideia, constantemente abatido.

Ao longo dos séculos a depressão tem sido associada a fatores hereditários ou ambientes.

Seria um mal herdado dos ancestrais ou adquirido por influências externas.

O Espiritismo abre esse leque, a começar por causa insuspeita, definida pelo Espírito François de Genève, em manifestação registrada no capítulo V, de *O Evangelho segundo o Espiritismo*, em tópico que leva o título *Melancolia:*

Sabeis por que, às vezes, uma vaga tristeza se apodera de vossos corações e vos leva a considerar amarga a vida?

É que vosso Espírito, aspirando à felicidade e à liberdade, se esgota jungido ao corpo que lhe serve de prisão, em vãos esforços para sair dele.

Reconhecendo inúteis esses esforços, cai no desânimo e, como o corpo lhe sofre a influência, toma-vos a lassidão, o abatimento, uma espécie de apatia, e vos julgais infelizes.

Uma das causas da depressão seria, portanto, o sentimento inconsciente de perda de algo que ficou no passado distante, no mundo espiritual, onde o Espírito não sofre as limitações impostas pelo corpo físico.

Não é só isso.

A Doutrina Espírita nos fala de dois fatores básicos para a depressão: a consciência culpada e as influências espirituais, em processos obsessivos.

O cultivo de más ações, os vícios, o comprometimento com as paixões, em existências anteriores ou na atual, geram complexos de culpa. Estes, ainda que sepultados no inconsciente, desajustam nosso psiquismo, favorecendo os estados depressivos.

E há a pressão de nossos desafetos espirituais, inimigos que granjeamos com as más ações. Seu propósito é exercitar a vingança, induzindo-nos a torturantes desajustes, sempre sugerindo um comportamento indisciplinado e o desejo de morrer.

Indo além da mera definição das causas, os princípios codificados por Allan Kardec nos ajudam a superar o *mal do século*, seja qual for a sua origem, com um comportamento disciplinado, voltado para o Bem e a Verdade.

Nas páginas deste livro, leitor amigo, a ilustração destes conceitos doutrinários, um exemplo de como *dar a volta por cima.*

Ficarei feliz se você encontrar aqui subsídios para superar eventual depressão ou evitar que ela o surpreenda na jornada humana.

Bauru, maio de 2013.

Site: www.richardsimonetti.com.br
e-mail: richardsimonetti@uol.com.br

Capítulo 1

– Não é que eu pretenda matar-me. Quero apenas desaparecer! Sumir! Livrar-me desta horrível sensação de vazio, de inutilidade da existência...

Luciano, experiente diretor do Centro Espírita Discípulos de Allan Kardec, em São Paulo, que exercitava a função de entrevistador, no serviço de atendimento fraterno, ouvia o interlocutor, enquanto lia alguns dados na ficha de controle: Clóvis Castro, cinquenta anos, médico, casado, dois filhos...

– Bem, Clóvis, é bom saber que a ideia de desaparecer, um deixar de existir, jamais será concretizada por alguém. Somos seres imortais. Tudo o que você conseguiria com o suicídio seria desprender-se do corpo material, mas continuaria consciente de si mesmo, em situação bem pior, no mundo espiritual, conforme informam os que buscaram esse ilusório inexistir.

Clóvis esboçou sorriso triste.

– É para assustar? Parece-me que essas ideias são meras especulações.

– Engano seu. O Espiritismo não é especulativo. Allan Kardec estabeleceu os princípios doutrinários a partir de contatos com o Além, coletando informações que lhe permitiram definir de onde viemos, por que estamos na Terra e para onde vamos.

– Há respostas para tudo?

– Essa é a bênção de nossa Doutrina, mas é assunto para depois, do qual você poderá cogitar lendo as obras. Por ora, peço-lhe considerar que o suicídio não resolve nossos problemas. Apenas os multiplica. Tudo bem?

– Vou tentar, mas confesso que não será fácil.

– Você está sob cuidados médicos?

– Um colega psiquiatra vem acompanhando meu caso há meses, prescrevendo medicação apropriada que me oferece algum alento, embora sem remissão do mal que me atormenta.

– Não pretendendo interferir nas prescrições de seu médico, faremos um tratamento magnético com aplicação de passes e levarei seu nome para uma reunião de assistência espiritual.

– Passes?

– Quando estamos muito tensos, nervosos, deprimidos, sofremos o que poderíamos denominar uma *hemorragia fluídica*. Perdemos energias e ficamos vulneráveis a doenças e perturbações. O passe, aplicado por voluntários treinados, recompõe o fluxo energético. Algo semelhante a uma transfusão de sangue, que revitaliza o paciente anêmico.

– O passista tem algum dom especial?

– Não. Assim como para doar sangue, é preciso apenas ter saúde, estar bem física e espiritualmente.

– Então qualquer um pode aplicar passes?

- Perfeitamente, desde que se submeta às disciplinas desse serviço, habilitando-se a receber a assistência dos bons Espíritos.

- Tem algo a ver com Mesmer? - perguntou Clóvis, que se lembrava de ter estudado na Faculdade algo sobre o médico que desenvolvera a teoria do magnetismo, segundo a qual todos os seres vivos são capazes de emitir uma energia, como se fosse uma espécie de corrente elétrica, que poderia ser canalizada em favor de pessoas doentes.

- Sim. A diferença é que realizamos esse serviço no Centro Espírita, coordenado por nossos mentores espirituais que também participam doando seu próprio magnetismo.

Entrevista encerrada, Clóvis entrou no salão de reuniões, onde ouviria as palestras, antes de submeter-se à terapia magnética.

Aqui vale lembrar, caro leitor, que o passe é um tratamento de superfície, cuida de efeitos.

As causas dos males do paciente estão em seu comportamento, em sua maneira de viver.

De suma importância, por isso, que esse tratamento seja sempre precedido de orientações doutrinárias que cuidam dessas causas, mostrando aos interessados como superá-las.

Capítulo 2

Logo após a prece de abertura pelo dirigente, simpática senhora falou sobre a reencarnação.

Clóvis não conseguiu acompanhar a explanação, em face do tumulto mental que o afligia naquele momento. Durante trinta minutos ficou perdido em suas cogitações íntimas.

A preleção seguinte logo prendeu sua atenção, porquanto o expositor falou de forma simples e didática sobre o assunto que o perturbava.

– Meus irmãos, a paz do Senhor esteja em nossos corações. Sem dúvida, o mal maior de nosso tempo, que tem ampliado cada vez mais suas garras sinistras, é a depressão. Ela tira a graça da existência e sugere que não vale a pena viver.

Pessoas atribuladas imaginam a morte como uma libertação dos males que lhes sustentam a crônica infelicidade.

Não é bem assim. Infelicitam-nos os males que moram em nosso íntimo. Estes seguirão conosco. A morte apenas nos libera da carne, sem nos liberar de nós mesmos. Seremos no mundo espiritual exatamente o que somos aqui.

Portanto, meus irmãos – falou sorridente o expositor, descontraindo o público –, é bom morrermos felizes para que felizes estejamos *do outro lado*.

Avarentos, egoístas, maledicentes, viciados, pessimistas, ressentidos, sofredores crônicos por opção, levarão consigo esse patrimônio de mazelas que os atormentarão no Além, tanto quanto os atormentam neste aquém.

Após breve pausa, continuou:

– A depressão, meus amigos, pode ter três origens:

A primeira é constitucional, endógena, algo ligado à estrutura física do paciente, como se fosse hereditário.

Pesquisas atuais com sofisticados aparelhos, como a tomografia e a ressonância magnética, demonstram que há uma área do cérebro com determinado desajuste de funcionamento que favorece a depressão.

Na verdade esse desajuste não é causa, mas efeito. O cérebro é apenas instrumento do Espírito, que o modela de conformidade com sua maneira de ser.

Imaginem uma dona de casa a preparar um bolo. Se a forma estiver amassada, o bolo sairá com uma forma irregular.

É o que acontece com o Espírito ao reencarnar. Se a *forma,* o chamado corpo espiritual, estiver comprometida, o *bolo*, que representa o corpo físico, sairá *amassado,* isto é, com deficiências.

A segunda causa pode ser existencial. Se o paciente não consegue lidar bem com os problemas do dia a dia, relacionados com família, profissão, saúde, vida social, resvala para uma superexcitação nervosa que poderá redundar em estados depressivos.

Um chefe mal-humorado, um casamento desajustado, filhos complicados, enfermidades renitentes, dificuldades financeiras, tudo isso, em conjunto ou isoladamente, pode ser profundamente perturbador.

E há a depressão causada por Espíritos obsessores que submetem suas vítimas a perniciosa magnetização.

Isso não constitui novidade. Desde as culturas mais remotas temos notícias a respeito. Jesus lidou com essas entidades, afastando-as de suas vítimas com a autoridade moral que o caracterizava. Na idade média e ainda hoje os teólogos falam em influências demoníacas.

Os perseguidos reclamam que nunca fizeram mal a ninguém. Nesta vida não, mas certamente o fizeram em vidas anteriores.

A vítima de hoje pode ter sido o verdugo de ontem.

A vítima de ontem pode ser o verdugo de hoje.

Clóvis ouvia admirado.

Eram conceitos novos que abriam caminhos em favor de sua reabilitação.

O expositor continuou:

– Certamente há uma pergunta que todos estarão formulando: como vencer a depressão?

É importante que os pacientes sejam tratados pela medicina da Terra, obra da misericórdia divina. Os médicos são seus instrumentos. Há medicamentos poderosos que interferem na química do cérebro, proporcionando abençoado alívio.

E há a medicina do Céu, mobilizada no Centro Espírita: oração, passes magnéticos, vibrações e reuniões mediúnicas.

Considere-se, entretanto, que os recursos da medicina da Terra e do Céu serão sempre paliativos, de superfície – cuidarão apenas de efeitos resultantes do que o paciente fez no passado, em vidas anteriores ou está fazendo no presente, na vida atual.

Por isso o recurso maior, a medicação de fundo, será sua mudança de atitude, procurando um comportamento compatível com os valores do Evangelho, a terapia maior para os males do corpo e da alma.

Imperioso, portanto, que prepare um futuro de bênçãos, mudando sua maneira de ser, de encarar os desafios da existência humana.

Jesus dizia que o reino de Deus está dentro de nós. O inferno também, e ele nos acompanhará na Terra ou no Além, até que o reformemos para transformar-se num Céu a partir da reforma íntima, com o uso perseverante de materiais divinos como o Bem e a Verdade.

Jamais nos faltará o apoio de nossos mentores e familiares desencarnados, dispostos a nos orientar e sustentar na luta em favor de nossa renovação, desde que sejamos firmes e perseverantes.

Como ensinava Jesus, busquemos o Reino de Deus e a Sua Justiça e tudo o mais nos será dado por acréscimo.

Nesse particular não esqueçamos a prática do Bem, o empenho por servir o próximo como o grande recurso para vencer nossos males.

Se todos temos comprometimentos do passado que repercutem em nosso íntimo como severas cobranças da própria consciência, lembremos sempre a expressão feliz de Simão Pedro: *o amor cobre a multidão dos pecados.*

Capítulo 3

Clóvis conseguiu assimilar bem a exposição, que poderia resumir em pontos básicos:

A depressão pode ter origem congênita, ambiental ou espiritual.

É preciso combatê-la com dois recursos básicos: a medicina da Terra e a medicina do Céu.

A medicina da Terra não estava adiantando muito, mas confiava que, associada à medicina do Céu, o ajudaria a vencer seus problemas.

Introduzido à sala de passes, logo após o encerramento da reunião, ouviu o dirigente recomendar:

– Oremos meus irmãos, fechando os olhos. Peçamos a Deus nos abençoe e confiemos no amparo espiritual, a fim de que possamos receber os benefícios do passe magnético.

Uma senhora aproximou-se dele e estendeu as mãos sobre sua cabeça, na aplicação do passe.

Clóvis não percebeu nada de significativo, mas sentiu-se melhor ao deixar o recinto.

Encontrou-se à saída com Luciano, que lhe perguntou:

– Então, o que achou da reunião?

– Gostei, particularmente da exposição sobre o problema da depressão. Mas gostaria de um esclarecimento. O palestrante enfatizou que o trabalho em favor do próximo é eficiente estímulo para que tenhamos melhoras. Você acha que é assim mesmo?

– Sem dúvida, principalmente quando estamos sob influência espiritual inferior. Toda obsessão implica sintonia. Se me preocupo com a prática do Bem e saio a campo, participando de atividades que visam o bem-estar do próximo, mudo o padrão vibratório e o Espírito perde o contato comigo.

– O que posso fazer nesse sentido?

– Seria interessante integrar-se numa atividade em nossa casa. Temos vários grupos de trabalho. Considerando sua condição de médico, poderá atender em nossos núcleos de assistência e aos funcionários da instituição.

– O problema é que quando a depressão aperta não tenho ânimo para nada. Só quero ficar na cama.

– Realmente, não é fácil, mas você não é um alienado mental. Conserva o discernimento e deve exercitar a vontade, até mesmo para contrariar a desejo de não fazer nada.

– Confesso que qualquer iniciativa, até mesmo nas rotinas diárias, é muito difícil.

– Difícil, porém não impossível. É orar, crer em Deus e assumir a tarefa.

– Como fazer?

– Em princípio continue frequentando as reuniões e recebendo o passe. Voltaremos a conversar.

•••••

Ao deixar o Centro, Clóvis era observado de perto por dois Espíritos de aparência sombria.

Um deles comentou:

– Nosso trabalho está ameaçado. Se esse miserável interessar-se pelo Espiritismo teremos dificuldade para conduzi-lo ao suicídio. Precisamos agir enquanto permanece vulnerável à nossa influência.

O interlocutor deixou-se tomar pela cólera.

– Isso não pode acontecer, Cícero! Esse assassino não pode escapar!

– Calma, Júlio. No momento é preciso agir para dificultar-lhe a assimilação das ideias espíritas. Temos que usar a cabeça.

– Como isso será possível?

– Nunca ouviu falar em sugestão pós-hipnótica?

– Vagamente...

– Vamos incutir nele reações de sono sempre que ler ou ouvir algo sobre essa praga que é o Espiritismo.

Capítulo 4

Não seria tranquila para Clóvis a integração no Centro como meio de combater a depressão, não só pelas limitações que a doença lhe impunha, minando-lhe a vontade, mas, também, porque enfrentaria dificuldades em casa.

Juliana, a esposa, era evangélica. Participava de uma congregação pentecostal que situava o Centro Espírita como reduto do demônio. Clóvis a acompanhara algumas vezes, mas não se dera bem. Achava tudo muito fantasioso e distanciado da realidade.

Comparecera ao Discípulos de Allan Kardec sem nada revelar a Juliana, a fim de evitar discussão. Dissera-lhe que ia procurar um grupo de auxílio para a depressão, sem falar em Espiritismo.

– Então, meu bem, como foi a reunião? – perguntou ela, após beijarem-se.

– Achei interessante e estou esperançoso.

– Que bom, querido! Orei muito para que tudo desse certo.

– Há algo que preciso dizer-lhe. Fui a um Centro Espírita.

– Meu Deus! Não acredito! Você vai envolver-se com o demo!

– Por favor, Juliana, não julgue o que você não conhece.

– Conheço sim, já li a respeito, recebo informações do pastor Nemésio. Você está se envolvendo com o diabo!

A esposa apavorou-se, imaginando o marido dominado por influências nefastas que destruiriam seu casamento.

– Compreenda, Juliana. Estou numa situação muito difícil, você sabe disso. Não consigo concentrar-me na atividade profissional, perdi a iniciativa, a vontade de viver... Estou literalmente no chão...

Sem lhe dar atenção, Juliana, agitada, chamou pelos familiares.

– Mamãe, Felipe, Joana, venham todos aqui!

Atendendo ao seu apelo, vieram Ester, sua mãe, e os dois filhos adolescentes, Felipe, dezoito anos, e Joana, dezessete.

Juliana explicou:

– Vejam que loucura! Clóvis resolveu tratar-se com o demo, no Centro Espírita. Meu Deus, o que vai ser de nós?!

– Não acredito, Clóvis – falou a sogra, exasperada –, somos uma família de gente temente a Deus, ligada à nossa igreja, onde temos todo apoio para nossos problemas, e você vai se enfiar numa casa demoníaca!

– Sabe o que é depressão, dona Ester? – respondeu Clóvis, procurando controlar-se – A vontade é de morrer! Prefere que eu me mate, a procurar auxílio no Centro Espírita?

– Tinha que ser na casa do adversário? Venha para nossa igreja. O pastor Nemésio poderá exorcizar o tinhoso e você ficará bom.

– A senhora esquece que já frequentei sua igreja, sem nenhum resultado?!

– Talvez tenha lhe faltado fé. Jesus ensinava que ela remove montanhas – acentuou Juliana.

– Parem, por favor. Respeitem meu direito de procurar auxílio onde queira. Se o Centro Espírita é orientado pelo demônio, então ele está mudando de lado, porquanto só vi gente bem-intencionada, praticando o Bem.

– É artimanha do adversário, meu genro. O pastor Nemésio sempre diz que o demônio é capaz de iludir até os eleitos.

Os dois jovens observavam, espantados, a discussão que ia esquentando.

Joana falou, apreensiva:

– Papai, a vovó e a mamãe têm razão. Somos uma família evangélica, não fica bem procurar auxílio em outra religião, que nem é baseada em princípios religiosos pelo que ouço dizer...

– Você também, filha! Não entendem que estou à beira de um colapso nervoso? Minha família é evangélica, eu não. Tenho o direito de fazer minha opção.

– Desculpe, papai – cortou Felipe –, não creio que o senhor deva fazer algo que contrarie sua família, principalmente porque está doente e talvez não saiba mesmo distinguir as coisas.

Foi a gota d'água. Clóvis descontrolou-se.

– Só faltava essa, chamarem-me de louco!

E deixou a sala, trancando-se no escritório, pensamento atormentado, sentindo-se literalmente perdido.

Ao seu lado, duas sombras sinistras conversavam:

– Tudo vai indo bem, Júlio. A família está atendendo às nossas sugestões.

– E quanto ao Centro Espírita, Cícero, como vamos neutralizar sua ação nefasta?

– Conversaremos ainda hoje com Clóvis, durante o sono. Descontrolado como está, será bem receptivo à nossa influência.

•••••

Extremamente irritado, Clóvis recusou abrir a porta a Juliana, preocupada com ele.

Sob efeito de psicotrópico, dormiu pesadamente num sofá.

Afastado parcialmente do corpo, transitava pela casa, como um sonâmbulo, sem a lucidez necessária para perceber o que estava acontecendo.

Cícero aproximou-se dele e, com a aplicação de magnetismo, técnica que dominava muito bem, conseguiu dar-lhe alguma lucidez.

Clóvis o olhou apalermado

– Então, meu caro Clóvis – perguntou o obsessor –, como está?

– Quem é você?

– Sou do Centro Espírita. Vim atendendo a orientação do nosso companheiro Luciano, que me pediu que lhe aplique passes magnéticos.

– Já recebi o passe no Centro...

– Sim, será apenas um reforço. É muito importante.

Clóvis não tinha nenhuma condição para perceber que estava diante de um impostor. Confuso, dispôs-se a receber o benefício.

O ardiloso obsessor recomendou:

– Feche os olhos e atente às minhas palavras.

Inteiramente submisso, Clóvis obedeceu.

Cícero começou o processo de hipnose.

– Você vai dormir, descansar, afastar-se dos problemas que o oprimem. Durma tranquilo, durma, durma...

Em breves momentos estava imerso em hipnose.

Cícero continuou:

– Preste atenção ao que vou lhe dizer. Preste muita atenção! Toda vez que você se dispuser a ler ou ouvir sobre qualquer assunto ligado ao Espiritismo, o sono vai envolvê-lo. As pálpebras pesarão e você adormecerá.

Após repetir várias vezes a sugestão, Cícero o reconduziu ao leito, restabelecendo-se o contato com o veículo físico.

Capítulo 5

Juliana era uma mulher de nobres princípios, dedicada à família, amiga da oração e da prática do Bem, o que a habilitava à proteção de mentores espirituais que sempre procuravam inspirá-la, principalmente nos momentos mais difíceis.

Após orar ardentemente pelo marido, adormeceu e de imediato foi amparada por Silva, seu mentor espiritual.

Embora a dificuldade de movimentação na espiritualidade, em virtude das limitações de conhecimento de sua crença, Juliana guardava a lucidez dos corações sinceros e idealistas.

Identificou de pronto a presença do mentor, que enxergava como uma entidade angelical.

Prostrou-se aos seus pés, a extravasar suas preocupações.

Silva a ergueu, dizendo-lhe com ternura.

– O que é isso, minha filha, que preocupações são essas que a perturbam?

– É o Clóvis, senhor. Não sei o que fazer. Ele parece piorar a cada dia. Agora, para complicar ainda mais a situação, está procurando a casa do demônio!

– Lembra-se, minha filha, do que os fariseus falavam dos benefícios prestados por Jesus?

– Diziam que agia sob influência do diabo.

– E você recorda o que explicava o Mestre?

Ante o silêncio de Juliana, que tentava recordar essa passagem, o mentor continuou:

– O esclarecimento de Jesus não tem sido observado por aqueles que dizem que o Espiritismo é obra do demônio. Ele explicou que todo reino dividido contra si mesmo não subsiste. E acentuou, textualmente: *E, se Satanás expulsa a Satanás, está dividido contra si mesmo; como subsistirá, pois, o seu reino?*

Silva fez breve pausa para que Juliana pudesse refletir.

– Então, minha filha, o que isso significa?

– Se o demônio estava praticando o Bem, mudara de lado.

– Exatamente. O ensinamento é claro. Portanto, não há por que dizer que o Centro Espírita é a casa do demônio, se a caridade ali é exercitada à mão cheia, atendendo a necessitados de todos os matizes, muito mais do que na igreja que você frequenta.

– Devo, então, concordar com a iniciativa do Clóvis?

– Sem dúvida, e saiba que lá ele encontrará paz para sua alma atormentada.

●●●●●

Pela manhã, Juliana acordou tranquila e animada, fruto do abençoado contato com Silva.

Lembrava-se vagamente do encontro espiritual, como um sonho fugidio, mas guardara na acústica d'alma a orientação sobre o marido.

Clóvis tinha o direito de procurar ajuda onde achasse melhor. Afinal, ponderava agora, era um crime situar os espíritas como agentes do demônio, tantos eram os benefícios que prestavam aos necessitados.

●●●●●

No escritório Clóvis acordou já acompanhado pela persistente depressão, sempre intensa pela manhã, em face das influências espirituais que sofria durante o sono.

Juliana bateu à porta.

– Clóvis, por favor, abra...

– Deixe-me em paz!

– Por favor, meu bem. Desculpe se o magoei, vamos conversar...

Relutante ele abriu a porta, expressão sombria, atormentada.

– Não me leve a mal, Clóvis. Sei que você tem o direito de procurar ajuda onde lhe convenha. Fiquei assustada com a ideia do Espiritismo, porém se você acha que é importante, tudo bem.

– É o que eu disse, Juliana. Ninguém sabe o que é a depressão. Aniquila minha vontade de viver, tira minha tranquilidade... Vejo no Centro Espírita uma esperança. Não brigue comigo. Preciso de seu apoio...

Juliana o abraçou, tomada de carinho. Era uma boa mulher, dedicada ao lar, amava o marido, preocupava-se com ele.

– Está bem, meu querido. Prometo-lhe que não vou interferir ou criticar. Faça o que o seu coração pedir.

Clóvis beijou-a emocionado.

– Obrigado, Juliana. É muito importante contar com seu apoio. Não sabe o bem que me faz.

Seja feita a vontade de Deus – suspirou Juliana, conversando com seus botões. Se é o demônio quem vai curá-lo, abençoado seja.

Capítulo 6

Algo inexplicável para Clóvis começou a acontecer.

Luciano lhe recomendara *O Livro dos Espíritos*. Intelectual habituado à leitura, logo se encantara com a filosofia espírita, com esclarecedoras respostas dos mentores espirituais às indagações de Kardec. Era uma visão extraordinariamente clara e objetiva sobre os porquês da existência humana.

Entretanto, a partir de determinado momento, já não conseguia concentrar-se na leitura, o mesmo acontecendo nas palestras doutrinárias.

Experimentava incoercível sono, bocejava constrangido, diante do público presente.

Ao retornar à entrevista, questionou Luciano:

– Estou com dificuldade para ler e ouvir as palestras. Sinto um sono incontrolável.

– Está enfadado? O tédio costuma provocar bocejos e sono...

– Pelo contrário. Tenho muito interesse em estudar a Doutrina, embora as dificuldades impostas por meu estado. É sono mesmo! Curioso é que quando desisto de ler ou saio do Centro o sono desaparece.

– E quando vê televisão ou lê jornal?

– Normal.

– Em nenhum outro momento o sono o incomoda?

– Não. Pelo contrário. Atualmente tenho insônia. Durmo à custa de psicotrópicos. É estranho.

Luciano sorriu.

– Já ouviu falar em sugestão pós-hipnótica?

– Sim, durante o transe hipnótico o paciente é condicionado a determinado comportamento. Certa feita vi, num espetáculo teatral, o hipnotizador sugerir a um participante que teria coceira no nariz ao acordar. E isso aconteceu.

– Exatamente.

– Mas eu não fui hipnotizado. Meu terapeuta não usa esse recurso.

– O terapeuta não, mas o seu perseguidor espiritual certamente o faz.

– Incrível! Como é feito?

– Durante as horas de sono.

– Não estou entendendo.

– Enquanto dormimos transitamos, afastados do corpo, pelo mundo espiritual. É quando nos pegam.

– Ficamos à mercê desses Espíritos, sem nenhuma proteção?

– Proteção sempre há, mas há outros fatores que estabelecem essa ligação. Digamos que se trate de alguém que queira vingar-se de você, por passadas ofensas. Há uma sintonia devedor/credor que favorece a influência do perseguidor.

– Devedor/credor? O que é isso?

– Suponhamos que você prejudicou gravemente alguém no passado. É seu credor. Sempre que aproximar-se, terá acesso ao seu psiquismo, em face do comprometimento com ele.

– Não podem os mentores espirituais simplesmente afastar esses perseguidores?

– Sim, mas preferem desfazer esse nó ao invés de cortá-lo, o que poderia trazer prejuízos tanto para o obsessor quanto para o obsidiado, em face da ligação entre ambos. É preciso dar um tempo. O obsessor também precisa de ajuda.

– Bem, e quanto ao sono, que devo fazer?

– Essas sugestões pós-hipnóticas devem ser realimentadas. Faça o possível por seguir as orientações recebidas – passe, oração, prática do bem, reflexão, empenho de renovação –, com o que você poderá livrar-se desses condicionamentos.

– Algo mais?

– Leve um caderno para as reuniões públicas.

– Caderno?

– Sim, vá anotando tópicos relacionados com as palestras. Isso o obrigará a fixar a atenção, ajudando a neutralizar o sono.

Desde então Clóvis passou a usar o caderno. Conforme Luciano lhe informara, conseguia controlar o sono e assimilava melhor o que os expositores falavam, anotando referências da palestra.

Capítulo 7

Luciano participava de um grupo mediúnico de desobsessão.

O objetivo era conversar com Espíritos obsessores, procurando demovê-los de suas intenções malévolas.

O trabalho congregava apenas doze participantes, dentre eles Lúcia e Helena, médiuns bem treinadas no intercâmbio.

Dois companheiros dividiam com Luciano a tarefa de conversar com os Espíritos.

A reunião consistia em abertura, prece, estudo de uma obra versando sobre mediunidade, vibrações em benefício de Espíritos encarnados e desencarnados, leitura de um livro sobre o Evangelho (era sempre usado *Fonte Viva,* de Emmanuel, psicografia de Chico Xavier, com mensagens breves e sábias sobre versículos evangélicos) e a prática mediúnica.

O trabalho de vibrações, leitor amigo, em que os componentes do grupo emitem pensamentos de carinho e ajuda aos beneficiários, tem notáveis resultados.

É praticamente um *passe à distância*, aplicado por todo um grupo, com resultados muito positivos.

Não raro, manifestam-se Espíritos que estão perturbando as pessoas cujos nomes são enunciados.

São atraídos pelas vibrações ou conduzidos por mentores espirituais que participam da reunião.

Quando o doutrinador consegue demover o manifestante de seus propósitos os resultados logo se fazem sentir.

O nome de Clóvis foi incluído nesse trabalho, atraindo Júlio, que se manifestou por intermédio de Lúcia.

Luciano logo percebeu que não seria fácil lidar com ele. Extremamente irritado, teria causado sérios embaraços à economia da reunião, não fora a disciplina da médium, que o continha, amparada pelos mentores espirituais.

– Como se atreveram a atrair-me aqui? Posso acabar com vocês, um a um. Não sabem com quem estão lidando!

Luciano, habituado a manifestações daquela natureza, não se intimidou.

– Creio que há um engano, meu amigo. Nós não temos nenhuma intenção de perturbá-lo, nem o atraímos. Se você aqui está é por interferência de nossos mentores. Se estiver aborrecido é com eles que deve avistar-se.

– Não tenho nada com eles, e já vou avisando: não cometam a imprudência de interferir em favor de um criminoso!

– Não temos ideia de quem você está falando. Vibramos em benefício das pessoas, com a intenção de ajudar. Se puder dizer o nome...

– É Clóvis, o miserável que há de pagar por todo o mal que fez à minha filha!

– Pode explicar melhor? Não sabemos do que se trata.

– Ele sabe. Pergunte-lhe sobre Rita.

– Não estou pensando nele, mas em você. Não acha uma perda de tempo estar envolvido nesse propósito de vingança, quando há iniciativas muito melhores no mundo espiritual, em favor de sua paz?

– Só terei paz quando me vingar desse infeliz que desgraçou minha filha.

– Estamos começando a nos entender. Ele desgraçou sua filha. Foi nesta existência ou em existência passada?

– Não interessa, não vim para conversar. Apenas para avisar que não adianta interferirem. Não estou só. Somos muito poderosos e vamos levar o infeliz ao suicídio, o mesmo que ele fez com minha filha. Cuidaremos dele quando vier ao nosso encontro. Falta muito pouco!

– Você diz que sua filha Rita suicidou-se e certamente está numa situação difícil na Espiritualidade, consequência da violência que aplicou em si mesma. Imagina que a vingança poderá proporcionar-lhe algum alívio?

– Não sei se a aliviará, mas eu estarei aliviado.

– Desculpe, mas não concordo, e sua ação, ainda que vitoriosa, não proporcionará nenhum benefício à sua filha.

– Não tenho mais nada a dizer, apenas alertar. Cuidado! Vocês não sabem com quem estão lidando.

A médium silenciou.

Foi a vez de Helena dar passividade a outra entidade.

Não guardava a exasperação do primeiro, mas evidenciava, desde logo, ser muito mais perigoso. Era Cícero.

– Tenho acompanhado os trabalhos deste grupo. Fico admirado com sua pretensão de que conseguirão nos influenciar. Não somos esses coitados que vocês engabelam com sua conversa mole. Já vou adiantando que o companheiro que me antecedeu descontrola-se na sua ânsia de fazer justiça pelas próprias mãos. Não é por aí. É preciso tranquilidade para punir criminosos. A vingança, como dizem, é um prato que se come frio, sem a impulsividade do cérebro ardendo.

Luciano sabia, por experiência própria, que Espíritos dessa natureza pedem paciência e perseverança, porquanto estão perfeitamente conscientes do que fazem e se comprazem nisso.

– Você se refere a Clóvis? – perguntou.

– Sim, esse criminoso que vocês estão tentando proteger, inutilmente. A justiça será feita.

– Desculpe, mas quem lhe deu o mandato da justiça?

– Não interessa. Meu objetivo aqui é apenas o de alertá-los para que parem com essa palhaçada de querer ajudar o criminoso. Caso contrário sobrará para vocês também.

– Não temos a pretensão de nos opormos à sua ação, nem de entrarmos em atrito. Imperioso, porém, considerar que defendemos causas distintas. Sua intenção é levar um homem ao suicídio. A nossa é salvá-lo.

– Vocês adotam a misericórdia, própria dos fracos. Nós defendemos a justiça.

– Você não acha que justiça sem misericórdia é vingança?

– O que sei é que a justiça é cega. Comprometeu-se, tem que pagar.

– E se fosse um filho seu, comprometido em deslizes, você esqueceria a misericórdia?

– Não tenho filhos, nem quero cogitar disso!

– Tudo bem. Consideramos, sob o ponto de vista religioso, que a justiça pertence a Deus. Porventura o

Senhor do Universo passou uma procuração para você exercitá-la?

– Onde estava Deus quando permitiu que aquele infeliz levasse a filha de nosso amigo ao suicídio? Se é que existe, Deus esconde-se na omissão. Basta observar as injustiças do mundo.

– Uma última pergunta: você é feliz no que está fazendo?

– Basta de questionamento. Não estou aqui para submeter-me a interrogatório. Apenas para advertir. Não toquem em cacho de marimbondos. Vão acabar mal.

– Sua exasperação, meu amigo, é uma resposta à minha pergunta. É óbvio que não é feliz. Ninguém jamais será feliz contrariando as leis morais que regem nosso comportamento, perfeitamente definidas por Jesus ao proclamar que devemos fazer ao próximo o bem que gostaríamos de receber. Você está na contramão do Universo. Mais cedo ou mais tarde perceberá que é preciso mudar. Tudo o que podemos fazer é orar, em seu benefício, para que o dia de seu despertar não tarde.

– Orem por si mesmos. Vão precisar, e muito, se insistirem em defender aquele criminoso.

O espírito silenciou.

Pouco depois Helena abria os olhos.

– Afastou-se. É mais controlado, porém pareceu-me muito mais perigoso.

– Foi um começo – comentou Luciano, tranquilo. – Creio que voltaremos a conversar. De qualquer forma, temos uma pista. Clóvis tem inimigos ferrenhos que contribuem para sua depressão. E há uma vingança por males que teria praticado contra uma mulher, Rita, filha de um deles.

Em breves instantes Lúcia recebeu a manifestação de Artúrio, mentor espiritual do grupo.

– Meus amigos, boa noite. Parecerá aos menos avisados que manifestações como as que foram transmitidas hoje representam perda de tempo, já que as entidades perturbadas pelos maus propósitos aparentemente saíram guardando os mesmos sentimentos de quando entraram. É engano. Saibam que nunca permitiríamos que viessem se não estivéssemos certos de que por baixo da pele dura há um coração sofredor carente de ajuda. Eles podem não reconhecer isso, mente perturbada por maus propósitos, mas a médio e longo prazo experimentarão o *cair em si* da parábola do filho pródigo, dispondo-se a mudar o rumo de suas vidas. Perseverem nos bons propósitos e não temam suas ameaças. Confiem em Jesus. Tenham no Mestre sua proteção e alento.

– Meu caro Artúrio, é sempre uma bênção ouvir suas ponderações. Devemos comunicar ao nosso irmão Clóvis o que ouvimos? – perguntou Luciano.

– Sim, mas com cuidado, sem evocar o nome de Rita, por enquanto. Não force nada, espere que ele se manifeste. Vou deixá-los agora. Voltaremos a cogitar do assunto. Jesus nos abençoe.

Luciano encerrou a reunião em oração:

– Recebe Jesus a nossa gratidão pela oportunidade deste trabalho. Que a tua bênção e a tua proteção estendam-se pelas entidades que aqui se manifestaram, ajudando-as a transitar da sombra para a luz, a reconhecerem os equívocos que cometem quando se arvoram em executores da Justiça Divina. Abençoa, Senhor, nosso propósito de bem servir, a fim de que jamais nos falte alento na jornada.

Capítulo 8

Em contato frequente com Espíritos obsessores, causa-me certa perplexidade, amigo leitor, observar-lhes a insistência em perturbar as criaturas humanas, exercendo uma influência pressentida em todas as épocas e por todas as religiões, que costumam situá-los como seres demoníacos, devotados ao mal.

A perplexidade nasce do fato de que eles têm contato com as realidades além-túmulo; trazem desajustes no corpo espiritual, oriundos de seu comportamento desregrado na Terra; experimentam angústias e tensões resultantes da inobservância das leis divinas; conhecem a dinâmica da reencarnação; sabem que fatalmente colherão as consequências de seus desvios, em inexorável ajuste às leis divinas.

Não obstante, insistem em suas posições agressivas, pretendendo um domínio efêmero, já que perdem incessantemente prepostos de inteligência menos atilada, sob suas ordens, convocados à renovação pelas potestades celestes que nos governam.

Allan Kardec define bem o problema ao explicar que os Espíritos são apenas homens desencarnados, agindo no mundo espiritual de conformidade com suas tendências e desejos, tão envolvidos com seus propósitos que não percebem ser Deus o Senhor Supremo, que nos criou para a perfeição, instituindo leis que jamais serão negadas impunemente.

Não admitem que mais cedo ou mais tarde terão que modificar suas disposições, voltando-se para o Bem, já que para isso fomos criados e Deus não falha jamais em seus objetivos.

●●●●●

Tão logo deixaram a reunião, Cícero advertiu Júlio:

– Precisamos apertar o cerco a Clóvis, ou o perderemos. Sua adesão ao Espiritismo é um rude golpe nos nossos propósitos. É preciso fazê-lo sentir que sua situação piora a cada dia, à medida que se vincula ao Centro Espírita.

– E como vamos fazer isso?

– Aproveitaremos a rejeição da família, as brechas produzidas pelo desentendimento resultante, para avivar os sintomas de depressão. Faremos com tal intensidade que ele acabará afastando-se. Poderemos, então, dominá-lo com maior facilidade.

– E os Espíritos que o protegem?

– Não se preocupe. Ele tem padrão vibratório baixo, mais propenso a receber nossa influência.

Não sabiam os dois interlocutores que eram acompanhados por Artúrio e o mentor espiritual de Clóvis, Carlos, que os ouviam invisíveis ao seu olhar, em virtude de diferença de padrão vibratório.

Carlos ponderava.

– Dupla perigosa. Cícero, inteligência pervertida, e Júlio, movido pelo ódio, podem fazer estragos em Clóvis, tão vulnerável à sua influência.

Artúrio o tranquilizou:

– Sejamos otimistas. Com a ajuda de Luciano, Clóvis há de firmar-se no propósito de seguir a orientação espírita. Faremos o possível em seu benefício.

•••••

Dias depois, Luciano recebia Clóvis, no atendimento fraterno.

– Então, meu amigo, como está passando?

– Em princípio melhorei, mas os sintomas recrudesceram. A depressão tem voltado sempre. A pior hora é pela manhã, quando acordo. Meu objeto de desejo matinal é que um buraco se abra debaixo de meus pés, engolindo-me para o nada.

Luciano sorriu.

– Definição perfeita para o despertar em depressão. Quanto à origem desse *objeto de desejo*, considere que nossos estados de ânimo, quando despertamos, revelam a natureza de nossos contatos espirituais. Provavelmente, as entidades que o perturbam estão apertando o cerco para que você se afaste do Centro. É uma técnica muito usada por eles. Fazem o quadro piorar, a fim de que suas vítimas pensem que não está adiantando o contato com o Espiritismo.

– Não entendo por que essa insistência em perseguir-me. Devem ter muito ódio.

– A maior parte das obsessões não é gratuita. Surge a partir da ação de Espíritos sequiosos de vingança, por males que lhes causamos no presente ou no pretérito.

Há alguém a quem você direta ou indiretamente tenha prejudicado?

Havia Rita, considerou Clóvis intimamente, porém preferiu omitir-se.

– Não me lembro... O que devo fazer?

– É preciso ter paciência, cultivando a oração e os propósitos de renovação. Como lhe disse, a melhor maneira de combater o mal é pela prática do Bem. Integre-se em nossos serviços assistenciais. Como médico poderá, a partir de agora, dar um plantão semanal em nossa creche, onde atendemos crianças carentes e suas famílias.

Não era exatamente o que Clóvis gostaria de fazer, não que lhe parecesse desagradável cuidar de crianças. O problema era a falta de disposição, com aquela insuperável sensação de vazio, de inutilidade da existência... Imperioso, porém, confiar em Luciano.

– Tudo bem, vou tentar.

– Ótimo.

Com a iniciativa de alguém que, prestes a afogar-se, busca uma tábua de salvação, Clóvis dispôs-se a seguir a orientação recebida.

Dias mais tarde Luciano o levou até a creche, onde foi apresentado a Ana Carolina, a dedicada diretora que combinou como seria feito o trabalho.

Capítulo 9

Lutando contra a depressão que perdurava, insistente, Clóvis começou a realizar atendimento médico na creche.

Desde logo percebeu que melhorava o ânimo quando integrado naquele abençoado serviço voluntário. E admirava-se ao constatar que havia muita gente vivendo abaixo da chamada *linha da pobreza*, gente lutadora e sofrida que precisava de ajuda.

Natural sentir-se melhor naquele serviço. Quando praticamos o Bem sintonizamos com os bons Espíritos, tanto quanto o vício, o erro, a indiferença, estabelecem sintonia com o mal.

Era todo um campo novo que se abria à sua frente, oferecendo-lhe consolo e conforto, embora continuasse perseguido pela depressão.

Luciano deixara evidente que os Espíritos perseguidores atuavam em várias frentes para atormentá-lo, a começar do próprio lar.

Juliana, conforme prometera, não interferia, mas Ester não disfarçava sua contrariedade.

Em qualquer contratempo, o desarranjo de um eletrodoméstico, o carro que apresentava defeito, a doméstica que pedira demissão, a dificuldade dos filhos na escola, logo vinha crítica da sogra:

– São más influências que Clóvis atraiu para nossa casa, desde que começou a frequentar a casa do demônio.

De nada adiantava explicar que os espíritas são devotados ao Bem, como poucos adeptos de outras religiões o fazem.

Tentou colocar em prática a orientação de Luciano:

– Seja tão bom para a família, tão tranquilo, tão calmo, tão prestativo, que todos vão reconhecer que o Espiritismo deve ser algo divino, não demoníaco, porquanto faz de você um homem melhor.

Clóvis até que tentava, mas tinha suas limitações, e, não raro, mal continha o desejo de mandar a sogra para o inferno que ela vivia a evocar.

Juliana ficava em situação difícil, tentando apaziguar os ânimos, mas não conseguia tirar a razão de sua mãe. Também admitia que aqueles problemas podiam nascer da vinculação de Clóvis ao Espiritismo.

Mãe e filha imaginavam que o ambiente não estava bom, invadido por um demônio pela porta que Clóvis abrira, sem perceber que a casa fora, sim, invadida por Espíritos obsessores, em virtude do clima de animosidade que se estabelecera pela rejeição de ambas, atendendo às insinuações malévolas de Cícero.

À depressão somara-se a enxaqueca, que surgia inesperadamente, tirando a iniciativa de Clóvis, dominado pela dor.

Os passes magnéticos ajudavam, mas os episódios se estendiam. E Clóvis começou a perceber que era justamente quando perdia a calma em casa, que recrudesciam seus padecimentos, algo compreensível: ficava mais vulnerável às influências negativas.

•••••

Apesar dos problemas de saúde, Clóvis não se afastara do consultório, vinculado ao hospital onde chefiava um setor.

Excelente profissional, muito sério e estudioso, tinha respeitável clientela. Os pacientes sob seus cuidados jamais imaginariam que aquele médico atencioso e competente trazia inenarrável tormento íntimo, que lhe conturbava a existência.

Percebiam que ele era de poucas palavras e sorrisos, mas confiavam em seus diagnósticos e prescrições.

Cícero bem que tentou confundi-lo no exercício da profissão, induzindo-o a cometer erros comprometedores, mas desde logo percebeu que o consultório estava protegido por entidades que não permitiam suas incursões, presença garantida pela seriedade com que Clóvis encarava suas obrigações profissionais.

Seu senso de responsabilidade e dedicação ao dever ficavam evidenciados no empenho hercúleo para levantar-se da cama todas as manhãs e cumprir a jornada de trabalho, embora com aquela sensação de que seria melhor *desaparecer*.

Capítulo 10

Luciano era o que se poderia chamar de tarefeiro disciplinado.

Aposentado do serviço público, dedicava-se inteiramente às atividades doutrinárias.

Não se casara, mais exatamente *casara-se* com o Espiritismo, sem espaço em seu coração para experiências afetivas. Bem que apareciam pretendentes, mas estava convicto de que seus compromissos na presente existência não incluíam a constituição de uma família.

Cícero nutria a pretensão de abatê-lo, incutindo-lhe pensamentos negativos, induzindo-o a atritar com companheiros, buscando provocar-lhe distúrbios orgânicos, já que não conseguia enredá-lo numa paixão.

Tudo inútil, porquanto o tarefeiro permanecia ligado ao trabalho, sua defesa, seu estímulo, sua realização.

Um obsessor mais experiente explicou:

– Não adianta atacá-lo diretamente. É preciso apanhá-lo pelas pontas, por intermédio de alguém. Ele lida com muita gente. Analise suas alunas nos cursos de Espiritismo. Veja alguma que seja sensível à nossa influência nos domínios do sexo.

Durante algum tempo Cícero acompanhou de longe as atividades de Luciano e, depois de muito observar, descobriu uma jovem senhora, Larissa, em pleno esplendor físico aos quarenta anos.

Era muito bonita e volúvel, facilmente influenciável. Além do mais, Cícero ficou sabendo de um detalhe sobre sua família que a tornava o instrumento ideal para afastar Clóvis do Centro, *por tabela.*

Aproveitando-se da simpatia que ela nutria por Luciano, Cícero levou-a à fixação mental, que instalou em seu coração a paixão devastadora. Moral precária, passou a alimentar intenso desejo por Luciano, pondo-se a assediá-lo, em princípio sutilmente, com o olhar persistente, pretendendo o flerte, depois abertamente, deixando claras suas intenções.

Certo dia confidenciou:

– Luciano, tenho um assunto importante para falar-lhe. Será que você poderia dar-me atenção?

– Pois não, Larissa.

– Aqui, não. Quero conversar fora do Centro. Podemos dar uma volta em meu automóvel, quando sairmos?

Luciano relutou. Não lhe parecia boa ideia.

– Conversemos aqui mesmo.

– Por favor, Luciano, serão apenas alguns minutos.

Ela lhe parecia ansiosa. Luciano, sempre prestativo, dispôs-se a ouvi-la. Tomaram o automóvel.

Ela dirigiu por algum tempo e estacionou em local ermo.

Tomou a mão de Luciano entre as suas.

– Há muito desejava falar-lhe de meus sentimentos. Devo confessar que desde que comecei a frequentar o

Centro, há dois anos, nutro por você um carinho especial. Sua simpatia, a maneira tranquila como expõe a Doutrina Espírita, comovem-me. O sentimento de admiração foi aumentando sempre, transformando-se em amor. Era isso que queria dizer-lhe: estou profundamente apaixonada. Você é o homem de minha vida. Só penso em você, quero você, ardentemente...

Se ambos tivessem o dom da vidência identificariam Cícero colado a Larissa, magnetizando-a, instilando nela o desejo, o anseio de uma comunhão física com o dedicado dirigente espírita.

Trêmula, a apertar as mãos de Luciano, ofereceu seus lábios, pretendendo beijá-lo com ardor.

Por instante Luciano sentiu-se atraído por aquela mulher linda e sensual que se oferecia, mas falaram mais alto em seu íntimo a responsabilidade, a firmeza de suas convicções.

Percebeu, com a sensatez que o caracterizava, que estava sendo envolvido numa armadilha, forjada por obsessores que se aproveitavam de uma mulher leviana.

E logo quebrou suas intenções lascivas.

– Desculpe, Larissa, não acho prudente esse tipo de envolvimento, você é casada, tem seus compromissos e filhos para cuidar...

Ela arfava, respiração ofegante, achegando-se, insistindo...

– Não resista! Sei que você me quer, percebo isso nas atenções que me oferece. Não recuse meu carinho. Meu compromisso agora é com meu coração, que bate insistente, pedindo por você.

– Não, Larissa, não é nada isso. Você tem interpretado mal meu comportamento. A atenção que lhe ofereço é a mesma que dedico a todos os que participam dos cursos que ministro. Cuidado com as coisas do coração, quando recendem a paixão, que é péssima conselheira...

Inteiramente dominada pelo obsessor, Larissa não se controlava. Ardente de desejo, insistia em beijá-lo.

Vendo impraticável qualquer tentativa de contê-la, Luciano abriu a porta do carro e afastou-se, deixando o local ermo e logo tomando um ônibus que passava.

Sob influência de Cícero, Larissa transitou rapidamente do ardor ao rancor, reação típica da paixão rejeitada.

– Miserável! – dizia para si mesma. – Ele há de pagar por sua indiferença.

E tratou de planejar uma maneira de vingar-se daquele homem insensível que se atrevia a recusar seu afeto.

Cícero sorria, satisfeito.

Capítulo 11

Dias depois, Lucas, presidente do Discípulos de Allan Kardec, foi procurado por um senhor de meia-idade, bem vestido e polido.

– Meu nome é Clementino. Sou advogado e tenho grave denúncia contra um colaborador desta casa.

– Denúncia? O senhor frequenta nosso Centro?

– Não. Quem frequenta é minha esposa Larissa. Participa de um curso de Espiritismo e vem sendo assediada pelo monitor, um tal de Luciano. Ele insiste em fazer-lhe propostas indecorosas. Não gostaria de ver meu nome envolvido num escândalo. Não obstante, creio que não é aceitável tal comportamento da parte de alguém que orienta sobre valores de uma religião. Ela não retornará a esta casa enquanto esse monitor não for afastado. Não é digno do serviço que desenvolve.

Lucas recebeu extremamente surpreso a revelação. Luciano era seu amigo e o mais dedicado servidor do Centro. Conhecia de perto a grandeza de seu caráter.

– Desculpe, mas creio estar havendo algum engano.

Luciano, diretor desta casa, tem conduta ilibada. Jamais tivemos qualquer reclamação a seu respeito. Pelo contrário, é estimado por todos seus aprendizes.

– Meu amigo, sou advogado criminal há muitos anos e tenho visto muita gente de aparência ilibada que comete atrocidades. E considere que ao defendê-lo o senhor está pondo em dúvida a palavra de minha esposa. Sou um homem de paz. Não pretendo fazer escândalo, mas não posso admitir que ele continue a assediar mulheres incautas. Larissa revelou-me que a fama desse indivíduo corre solta nesta instituição. O mínimo que o senhor pode fazer é afastá-lo.

– Desculpe, porém não é aceitável que o senhor determine o que devemos fazer. Confio plenamente em Luciano, mas apurarei os acontecimentos. Também temos interesse em não favorecer um escândalo, que não seria conveniente nem para a instituição nem para o senhor.

– Tudo bem, faça como achar melhor, mas minha esposa não porá mais os pés nesta casa enquanto esse indivíduo não for afastado.

– Esteja certo, senhor Clementino, de que faremos o melhor.

•••••

Tão logo o visitante partiu, Lucas chamou Luciano.

– Estamos com um problema. Lembra-se de Larissa, sua aluna no curso de Espiritismo e Mediunidade?

– Sim, está no segundo ano. É pouco aplicada, não tem vocação para o estudo.

– Fui procurado pelo marido dela. Veio fazer uma grave denúncia, informando que você a vem assediando.

Luciano não se surpreendeu. Larissa era uma mulher passional e intempestiva, certamente não habituada a ser contestada em seus caprichos.

– Bem, Lucas, eu poderia conversar com o marido, porém para defender-me estaria disparando uma crise doméstica, porquanto o que aconteceu foi justamente o contrário. Foi ela quem pretendeu envolver-me numa aventura.

– Imaginei que seria algo assim, mas fique tranquilo. Fui categórico quanto à sua honestidade. Como ele me pareceu um homem comedido, certamente não irá além da denúncia feita, simplesmente afastando a esposa, o que será a melhor solução.

– Agradeço sua confiança, Lucas, e reitero que não tenho nada, absolutamente nada de que me penitenciar. Apenas lamento pela própria Larissa. É, como diria Jesus, uma ovelha tresmalhada, precisa de ajuda, porém na atual conjuntura eu seria a pessoa menos indicada para isso.

O episódio não teve repercussão e Luciano continuou firme em suas abençoadas tarefas.

Quanto a isso, Cícero, habilidoso e inteligente, não tinha nenhuma dúvida. Sabia que seria muito difícil comprometer o trabalho de Luciano. Conhecia sua firmeza de caráter, sua perseverança no Bem.

O objetivo real era afastar Clóvis do Centro, com o concurso de Clementino, irmão de Juliana.

Capítulo 12

No final daquela semana, Clementino e Larissa compareceram ao lar de Clóvis e Juliana, reunião familiar que ocorria habitualmente.

Juliana tinha grande carinho pelo irmão, esforçando-se por preservar os laços fraternos, embora não pudesse dizer o mesmo de Larissa, que sempre lhe parecera vaidosa e um tanto vulgar. O mesmo acontecia com Ester, que não queria problemas com a nora, a fim de não perder o contato com o filho.

Ambas *engoliam o sapo*, tratavam Larissa com deferência, preservando a união em família.

Antes do almoço, conversavam na ampla e arejada varanda.

– Então, Clóvis – perguntou Clementino –, como vai seu problema de saúde?

– Estou melhorando.

– Algum tratamento especial?

Clóvis sentiu-se constrangido em responder. Embora Clementino não fosse de frequentar a igreja, dizia-se evangélico, como toda a família.

Se tivesse o dom da vidência, perceberia a presença de Cícero que *cutucava* Ester. Esta não vacilou, sem perceber que o impulso de falar vinha de um Espírito mal-intencionado.

– Ele está frequentando a casa do diabo.

Clóvis aborreceu-se mais uma vez com a sogra, mas, antes que falasse, Juliana interveio:

– É brincadeira da mamãe. Clóvis está recebendo tratamento magnético num Centro Espírita.

Clementino advertiu:

– Cuidado com essa gente. Tivemos uma experiência desagradável num Centro que Larissa em má hora resolveu frequentar.

– Meu Deus! Você também, Larissa! – proclamou Ester, apavorada. – Valha-nos nosso senhor Jesus Cristo!

– Fique tranquila, mamãe – explicou Clementino. – Larissa afastou-se. Estava sendo assediada por suposto orientador que se aproveita de sua posição para envolver mulheres incautas.

– É o que se pode esperar num reduto do demo! – proclamou Ester, olhando para Clóvis. Este ponderou:

– Não tenho notado isso no Centro que frequento. É um pessoal atencioso e sério.

Larissa concordou:

– Também não tenho queixa. Minha indignação é com um tal Luciano, que todos têm à conta de orientador, mas para mim é um lobo em pele de ovelha.

Clóvis estremeceu.

– Luciano, do Centro Espírita Discípulos de Allan Kardec?

– Exatamente! Estava tentando seduzir Larissa – confirmou Clementino.

– Foi horrível! – acentuou ela. – É um descarado que deveria ser preso por atentado ao pudor.

– Você o conhece, Clóvis? – indagou Clementino.

– Sim, ele é quem me tem orientado. Vejo nele um homem íntegro, honesto.

– Brasa encoberta! – sentenciou Ester. – Bem o adverti que não se envolvesse com coisas do diabo!

Clóvis estava perplexo. Não podia crer que aquele homem que merecera sua confiança e que o estava ajudando com tanto empenho fosse um mulherengo irresponsável.

– Estou pasmo!

Ester insistia:

– Gente que tem artes com o demônio não é confiável! Você deve afastar-se desse Centro, que só lhe trará prejuízos.

Clementino acentuou:

– É uma bobagem minha mãe achar que todo mal é obra do demônio. Ele está em nós quando não agimos com honestidade. Concordo, porém, que uma pessoa assim não tem nenhuma condição para orientar.

Larissa botou mais *lenha na fogueira*.

– E não foi apenas comigo. Soube de outras pessoas e até jovens envolvidas por ele. O pior é que Clementino conversou com o presidente daquela instituição, que não se mostrou propenso a acreditar em meu testemunho.

– São todos farinha do mesmo saco! – acentuou Ester, que não disfarçava sua aversão pelo Espiritismo.

●●●●●

Mais tarde, a sós com o marido, que se mostrava preocupado, expressão sombria, Juliana perguntou:

– Então, meu bem, o que pretende fazer?

– Estou muito decepcionado, não há por que continuar a frequentar uma instituição onde um homem de tantas responsabilidades revela um comportamento vergonhoso como esse.

Juliana, que vinha acompanhando os progressos do marido, sentia um misto de alívio e frustração. Se por um lado parecia-lhe benéfico afastar-se da *casa do demônio*, como dizia sua mãe, não podia negar que fora lá que Clóvis encontrara alívio para seus males.

– Vai afastar-se?

– Sim – murmurou, abraçando-a, expressão preocupada. – É página virada. Continuarei apenas na creche. As crianças não podem pagar pela desfaçatez desse homem.

– Vamos orar muito, meu querido. Você é um homem de bons princípios, um médico dedicado, um instrumento de Deus para ajudar pessoas. Juntos superaremos essa situação. Confiemos no Senhor!

Clóvis a abraçou apertado, como a querer contagiar-se pela fé que caracterizava o comportamento de Juliana, aquela fé que bruxuleava em seu coração.

A um canto, uma entidade sorria, maldosa.

Cícero exultava. Afastando-se de Luciano, Clóvis seria presa fácil, sustentando depressão tão intensa que não tardaria em cometer suicídio.

Capítulo 13

Em escura furna, nas regiões umbralinas, duas entidades observavam uma jovem que parecia mergulhada em sombrio pesadelo, face torturada, gemidos altos, em meio a várias entidades em situação semelhante.

– Filha – disse um dos Espíritos, buscando abraçá-la –, sou eu, seu pai. Estou aqui para socorrê-la, minha querida.

Era Júlio, tentando ajudar Rita, a desventurada filha que há duas décadas permanecia alienada, mente fixa na situação que motivara seu suicídio.

Espírito frágil, a fuga existencial afetara-lhe as faculdades mentais, situando-a em torturante sono, como uma bela adormecida a espera de um príncipe que viesse despertá-la.

Com o apoio de Cícero e outros comparsas, Júlio conseguira aquele espaço, onde permaneciam vigilantes, empenhados em resguardá-la do assédio de entidades perversas que por ali transitavam.

– É inútil, Júlio – dizia Cícero com a frieza dos Espíritos consagrados ao mal –, ela não pode ouvi-lo. Está totalmente alienada.

– E não há nada que possamos fazer por ela?

– Sim, justamente o que estamos fazendo. Buscar vingança. Quando consumarmos a perseguição e Clóvis suicidar-se, ela começará a melhorar.

Deslavada mentira! Acontecia justamente o contrário! Aquelas ações de vingança criavam um ambiente altamente desfavorável, intensificando a perturbação de Rita.

Cícero sabia disso, mas nada dizia, porquanto era preciso sustentar a animosidade do companheiro contra Clóvis.

Natural que os entes queridos de alguém que morre em circunstâncias trágicas, como um assassinato ou um suicídio, desejem a justiça, que os responsáveis paguem por seu crime.

Considere-se, porém, que é altamente nocivo o cultivo de sentimentos de ódio, rancor, vingança, que os desajustam e, pior, repercutem negativamente no desencarnado, fazendo recrudescer seus sofrimentos.

Espíritos que desencarnam nessas circunstâncias, sem nenhum preparo para a vida espiritual, recebem em cheio não apenas as vibrações de desespero e inconformação dos que ficam, mas também as geradas pelo ódio, pelo desejo de vingança.

Um homem assassinado por um assaltante drogado, após algum tempo manifestou-se em reunião mediúnica. Atormentado, enviou um recado aos familiares:

– Por misericórdia, mudem a sintonia! Suas vibrações rancorosas contra o criminoso repercutem em mim, atormentando-me e dificultando a superação do trauma de minha morte.

Há pessoas que perdem o norte, desajustam-se em face do assassinato de um ser amado e passam anos vibrando de ódio.

Anseiam pela justiça dos homens, dispostos até a investir em investigações e providências para que os responsáveis sejam punidos.

Há até aqueles que literalmente se vingam, providenciando a justiça pelas próprias mãos, por ação pessoal ou por intermédio de terceiros.

Atitude lamentável e comprometedora.

Se alguém provoca um ferimento em mim, será contraproducente jogar ácido em cima, ampliando e perenizando a área ferida.

Melhor usar a pomada do perdão.

Jesus não se cansou de recomendar que perdoemos os ofensores, a melhor maneira de nos livrarmos da pesada carga do rancor, que faz mais mal do que a própria ofensa sofrida.

Quando as pessoas tiverem um conhecimento mais amplo a respeito do assunto e principalmente dos prejuízos que causam aos entes queridos cultivando o ódio em tais circunstâncias, o perdão estará sempre presente.

Devo esclarecer, leitor amigo, que não estou pretendendo que descartemos a justiça humana, indispensável para evitar a proliferação do crime, mas que isso não se transforme em ideia fixa capaz de paralisar nossa vida.

Em última instância, a justiça será feita, se não a humana, sempre precária, mas a divina, infalível.

Mais cedo ou mais tarde todos responderemos perante Deus por nossas ações.

Capítulo 14

Com o passar dos dias, Luciano estranhou a ausência de Clóvis, antes tão assíduo às reuniões, ao tratamento de passes.

Estaria com algum problema?

Telefonou-lhe. Ester atendeu.

– Bom dia – cumprimentou ele.

– Bom dia.

– Gostaria de falar com Clóvis.

– Quem deseja?

– É Luciano, do Centro Espírita Discípulos de Allan Kardec.

– Ele não está.

– Sabe quando poderei encontrá-lo?

– Ele... viajou. Não sei quando volta.

– A senhora é da família?

– Sim, sou sua sogra.

Luciano percebeu que havia algum problema. A senhora que o atendia estava revelando má vontade. Não insistiu.

– Está bem, obrigado.

Juliana aproximava-se.

– Quem era, mamãe?

– Foi engano.

•••••

Sem a proteção espiritual no Centro e a orientação de Luciano, Clóvis logo experimentou o recrudescimento da depressão, sob a ação insidiosa de Cícero e Júlio.

Alegando não estar bem, cancelou consultas, afastou-se do serviço, fechou-se em casa e em si mesmo, mudo diante dos familiares, sempre ansioso por forte dose de psicotrópico, que lhe proporcionava algumas horas de repouso.

Tranquilidade para o corpo apenas, porquanto mal se afastava, penetrando a espiritualidade pelo sono, era assediado por Cícero, que realimentava suas perturbações aplicando-lhe magnetismo desajustante.

Perguntará o leitor se não estaria havendo omissão dos mentores espirituais, permitindo que Clóvis continuasse sob o domínio de seus inimigos.

O problema é que, embora ele fosse um homem de bons princípios, cumpridor de seus deveres, trazia no inconsciente insuperável complexo de culpa relacionado com Rita, porta aberta à influência dos obsessores.

Juliana preocupava-se vendo o marido novamente afundando na depressão, sem disposição para nada, realizando hercúleo esforço para erguer-se do leito e, sobretudo, para neutralizar a sensação de que seria melhor desaparecer.

Após alguns dias naquela situação aflitiva, Juliana ponderou:

– Clóvis, meu bem, aflige-me ver você tão desanimado e triste. Está cansado da rotina do lar? Não gosta mais de mim?

Clóvis emocionou-se com a humildade da esposa. Abraçando-a, disse-lhe.

– Não, minha querida, não é nada com nossa casa e muito menos com você, que é a pessoa mais importante de minha vida. Não fosse sua paciência e eu já teria feito alguma burrada.

– É isso que me assusta, Clóvis, esse impulso de autodestruição.

– É muito forte. Não sei até quando resistirei.

Contrariando as próprias convicções, por amor ao marido, Juliana ponderou:

– Temos que ser realistas. O único lugar onde você encontrou algum alívio foi no Centro Espírita. E se voltasse? Afinal Luciano não deve ser o único atendente. Poderá evitá-lo.

– Não sei se conseguiria. Ele está à frente do serviço. Fatalmente virá falar comigo. Além disso, sinto-me constrangido em retornar, após interromper o tratamento sem avisar. Por outro lado, não notei nenhuma preocupação em Luciano com minha ausência. Nem se deu ao trabalho de telefonar...

Juliana considerou que aquele era um argumento ponderável. Não obstante, talvez não fosse da rotina daquela instituição procurar os ausentes.

Decidiu verificar.

Capítulo 15

No dia seguinte, pela manhã, munindo-se da coragem dos que por amor enfrentam qualquer desafio, Juliana foi até a *casa do adversário*, eufemismo que sua mãe usava para referir-se ao diabo.

Afinal, fora lá que Clóvis começara a melhorar, ainda que por artes do demônio... E seria mesmo o tinhoso que estava a beneficiar pessoas?

Embora naquele horário não houvesse reunião pública, Luciano dava seu plantão, tomando providências administrativas com Lucas ou atendendo eventuais necessitados.

Ao avistá-lo, Juliana surpreendeu-se.

Teria uns cinquenta anos, cabelos enevoados rareando, magro, não tinha nada que sugerisse um galanteador. E tinha uma expressão suave, parecia cercado de luz, muito longe da imagem daquele devasso que Larissa pintara.

Após os cumprimentos, apresentou-se.

– Sou esposa de Clóvis.

– Ah! Que bom que veio. Estava preocupado com a ausência de nosso amigo. Ele precisa muito do tratamento espiritual.

– Pois é, doutor Luciano, estou aqui justamente para falar-lhe a respeito. Clóvis esteve afastado durante esse tempo todo e agora está sem jeito de voltar.

– Obrigado pela bondade em promover-me a doutor. Sou apenas um modesto servidor. Ficarei feliz se dispensar o tratamento cerimonioso. Quanto ao que disse, Juliana, acontece o tempo todo em nossos tratamentos espirituais e cursos doutrinários. Surgem contratempos, a pessoa afasta-se por algum tempo e fica sem jeito de voltar.

– Sua observação é muito interessante, Luciano. Sou evangélica e na igreja que frequento acontece a mesma coisa. Muitas pessoas comparecem, tornam-se assíduas e de repente somem. Nosso pastor diz que é o diabo que lhes cria embaraço. Faltam um dia, faltam dois e acabam desistindo.

– Ele tem razão. Isso acontece. Só que no Espiritismo não dizemos que é o diabo, e, sim, Espíritos desencarnados que exploram as deficiências morais das pessoas, procurando afastá-las de serviços religiosos, onde podem livrar-se de sua influência.

– Fazem exorcismos por aqui? Expulsam esses Espíritos?

– Exorcismo propriamente, não. Consideramos que esses Espíritos que perturbam os homens são tão ou mais necessitados de ajuda do que suas vítimas. Conversamos, oramos por eles, buscamos ajudá-los.

– Interessante! Não tinha pensado nisso. O diabo é também um filho de Deus...

– Exatamente. Precisa de ajuda, não de execração.

– Há um detalhe. Na nossa igreja o pastor tem um trabalho muito importante que, creio, não é feito aqui. Quando um participante da igreja começa a faltar, ele logo o procura. Funciona bem. Muitos retornam.

– Também fazemos isso aqui, Juliana. Eu mesmo telefonei várias vezes para sua casa, procurando por Clóvis. Disseram que estava viajando. Já regressou?

Juliana logo percebeu o que acontecera. Certamente sua mãe inventara a viagem para impedir Clóvis de voltar ao Centro. Julgou prudente omitir o que acontecera. E começava a duvidar da acusação de Larissa. Não costumava enganar-se com as pessoas, e aquele homem tranquilo e atencioso não lhe passava a impressão de um conquistador barato.

– Bem, Luciano, meu marido já voltou da viagem e, se não for inconveniente, peço que telefone novamente. O atendimento aqui lhe fez bem, mas temo que sem uma iniciativa sua ele tenha constrangimento em voltar.

– Tudo bem, Juliana, terei prazer em ligar novamente. Gosto do Clóvis. É uma pessoa do bem.

– Poderia telefonar hoje à noite, por volta de vinte e uma horas? Nesse horário será certeza encontrá-lo.

Na verdade o horário era conveniente porque Ester estaria na igreja e não haveria o perigo de atender ao telefone.

– Tudo bem, Juliana, pode aguardar.

– Há um detalhe. Peço-lhe, por favor, não dizer que estive aqui. É melhor ele imaginar que a iniciativa foi sua.

– Fique tranquila.

•••••

Ao início da noite, sem ânimo sequer para o banho, Clóvis estava envolvido por Cícero, que apertava o cerco com vibrações negativas, tendo no bojo a ideia central que procurava incutir em sua mente atribulada: *Suicídio, suicídio! É preciso acabar com esse tormento.*

Juliana aproximou-se:

– Então, meu bem, está melhor?

– Estou péssimo! Desculpe, Juliana, mas quero ficar em silêncio um pouco...

E dirigiu-se ao quarto, atirando-se no leito, desejando que o mundo acabasse.

Às vinte e uma horas o telefone tocou. Juliana atendeu. Era Luciano, conforme o combinado.

Foi até o quarto onde o marido estava deitado, brigando com seus fantasmas.

– É para você, meu bem.

– Não quero conversar com ninguém.

– É Luciano.

– Diga que estou dormindo.

– Atenda querido, pelo menos para lhe dar uma satisfação. Afinal, ele foi gentil, prestou-lhe assistência... Você lhe deve isso.

Relutante, Clóvis pegou o telefone.

– Alô.

– Oi, Clóvis, é Luciano. Tudo bem?

– Mais ou menos...

– Você sumiu. Sarou ou piorou? É o que justifica o afastamento de nosso tratamento. Ou a pessoa sara e desaparece ou desaparece porque não sarou.

– Bem, Luciano, não posso enquadrar-me em nenhuma dessas hipóteses. Melhorei, mas não sarei. Agora piorei. Estou péssimo.

– Não seria interessante voltar?

– Não sei se seria conveniente.

– Há algum problema? Algo que o impeça?

– Impedimento propriamente não, mas há um problema, sim.

– Pode vir amanhã à noite? Tentaremos resolver o problema e você já poderá reiniciar o tratamento.

– Está bem, irei para conversarmos.

Clóvis desligou o telefone e comentou com Juliana, que permanecia a seu lado.

– Acha que fiz bem? Devo ir?

– Claro, meu bem.

E sorrindo:

– Se a casa do tinhoso lhe faz bem...

Clóvis esboçou um sorriso triste.

– As coisas andam subvertidas. Até o diabo anda fazendo o Bem... Se é assim, creio que não há inconveniente em você acompanhar-me.

Juliana surpreendeu-se consigo mesma, ao concordar. Na verdade, queria ver de perto o que fazia o diabo para curar as pessoas.

Capítulo 16

Clóvis despertou pior do que de costume, depressão agravada por súbita enxaqueca e com a impertinente impressão de que não devia comparecer à entrevista com Luciano.

Havia ali o *dedo* de Cícero, que o assediara durante a noite, procurando demovê-lo da intenção de retornar ao Centro, a considerar que a interferência dos *malditos* poderia pôr a perder seu ingente esforço de induzir o desafeto ao suicídio.

Lutando contra a vontade de permanecer no leito, Clóvis levantou-se, tomou os comprimidos habituais para melhorar o ânimo, incluindo um para a enxaqueca, barbeou-se e foi à sala de refeições.

Aproveitando o momento a sós, comentou com Juliana:

– Estou com palpite de que é melhor não ir ao Centro. Não consigo superar a má impressão que ficou contra o Luciano, tendo em vista o que nos contaram Larissa e Clementino.

Juliana, que tanto batalhara para que Clóvis não procurasse o Centro, preocupava-se agora com essa perspectiva. Buscando mudar as disposições do marido, argumentou:

– Ora, meu bem, vamos considerar o aspecto positivo. Você melhorou muito enquanto recebia o tratamento. Luciano é apenas um dos colaboradores daquela casa. O fato de comportar-se mal não invalida o trabalho que ali é feito. Além do mais, você terá a oportunidade de conversar com ele, ouvir a sua versão a respeito do que aconteceu com Larissa.

Clóvis relutava, sob o condicionamento imposto por Cícero.

– Algo me diz que não será bom retornar...

Juliana insistiu:

– Quando você começou a frequentar o Centro, comentou que numa das palestras houve a advertência de que Espíritos interessados em afastá-lo do tratamento iriam pressionar para que desistisse. Não será o que está acontecendo?

– Talvez, mas não creio que algum Espírito tenha induzido Luciano a assediar Larissa para afastar-me.

– Por que não, meu querido? Faz sentido. A melhor iniciativa seria desacreditar aquele que o acolheu.

– Você acha que os Espíritos induziram Luciano?

– Ele não é nenhum anjo perdido entre nós. Certamente tem suas limitações, como todo ser humano.

– Está aí algo que não posso aceitar. Um homem que prega a virtude e a espiritualidade, deixando-se levar por fraquezas humanas. Cheira a hipocrisia.

Juliana sorriu, dizendo:

– Se Jesus pensasse assim, dispensaria todo o colégio apostólico. Um discípulo o traiu; outro o negou três vezes e todos o abandonaram na hora extrema. No entanto, quando ressurgiu diante deles, após a crucificação, não teve uma palavra de queixa ou negação. Apenas os cumprimentou, desejando-lhes a paz, e os convocou à gloriosa tarefa de disseminar os princípios cristãos. Se ele não relevasse os companheiros, o Cristianismo morreria ali.

Quando Juliana evocava o Evangelho, com a competência de quem o estudava muito, Clóvis sempre concordava.

– Tem razão. E, como você sempre recorda, Jesus não incorria em julgamento. Tudo bem, iremos ao Centro à noite.

●●●●●

Não seria fácil cumprir aquela decisão.

À tarde, Ester pediu a Juliana que medisse sua pressão arterial.

– Estou com uma dor de cabeça insuportável.

O aparelho indicou pressão de dezoito por nove, alta.

Imediatamente Juliana deu-lhe os comprimidos receitados anteriormente pelo médico de Ester, recomendando-lhe que repousasse.

Clóvis recebeu telefonema do diretor do Hospital, pedindo-lhe que comparecesse à noite a uma reunião do departamento de cardiologia, sob sua direção.

Na rua, retornando ao lar, após a aula de inglês, Felipe deu uma topada, caiu de mau jeito e chegou dolorido em casa.

Joana veio cheia de planos. Queria que a mãe a acompanhasse ao Shopping para aproveitar uma liquidação.

Uma amiga que Juliana não via há tempos enviou um e-mail, perguntando se poderia visitá-la às vinte horas.

Pessoas que se dispõem a frequentar um culto religioso, um Centro Espírita, um curso de espiritualidade, costumam reclamar que no dia aprazado surgem impedimentos.

Seria leviandade, caro leitor, atribuir todos os contratempos à ação de Espíritos que não querem nos ver no *bom caminho,* mas o fato de acontecerem com muita gente e com frequência é significativo, evidenciando que pelo menos em parte há esse tipo de interferência.

É bem a figura do diabinho das histórias em quadrinhos, neutralizando nossas boas intenções.

Sempre comento com pessoas que se dispõem a frequentar cursos de Espiritismo que a solução para enfrentarem essa pressão é a firmeza de propósitos, dispondo-se a superar os obstáculos que surjam. A perseverança resultará em breve na desistência dessas entidades, ao verificar que seu empenho é infrutífero.

Exatamente o que fizeram Clóvis e Juliana.

Clóvis informou que não poderia comparecer à reunião no hospital.

Juliana tranquilizou-se com relação a Ester, ao verificar que a pressão arterial estabilizara-se; medicou Felipe com comprimidos para a dor; resistiu à pressão de Joana para que a acompanhasse ao Shopping e delicadamente pediu à amiga que transferisse a visita para o dia seguinte.

Capítulo 17

No horário aprazado, Juliana e Clóvis foram atendidos por Luciano.

Clóvis, constrangido, apresentou Juliana, que se viu na contingência de simular desconhecê-lo:

– Muito prazer.

Luciano descontraiu.

– Oi, Juliana, tudo bem? O prazer é nosso em recebê-la. E você, Clóvis, disposto a reiniciar o tratamento?

– Sim, mas como lhe disse há um assunto delicado que gostaria de comentar.

Juliana olhou apreensiva para o marido. Não lhe parecia oportuno nem delicado falar naquele momento do episódio com Larissa.

– Meu bem, vamos deixar para depois.

Luciano percebeu o constrangimento do casal.

– Fique tranquila, Juliana, se não é cobrança de alguma dívida, tudo bem.

– Espero mesmo que você não considere uma cobrança o que vou lhe dizer... – adiantou Clóvis, reticente.

– É apenas o desejo de um esclarecimento. Trata-se de minha cunhada Larissa.

Luciano surpreendeu-se com a revelação. Não sabia daquele parentesco. Lembrou-se da ameaça do Espírito que se manifestara anteriormente, quando tratara do caso de Clóvis. Então, era isso. Agiram rapidamente, utilizando-se de uma mulher passional, já que não podiam atingi-lo diretamente.

Espantosa a ação das trevas! – considerou intimamente.

Revelando uma vez mais a grandeza de seu caráter, Luciano justificou o episódio, isentando Larissa, que certamente fora envolvida com facilidade, tendo em vista seu comportamento volúvel.

– Foi um mal-entendido. Às vezes as pessoas interpretam equivocadamente a atenção que lhes oferecemos. Quem me conhece sabe que eu seria incapaz de assediar pessoas que comparecem ao Centro. Tenho minhas limitações, reconheço, mas se há algo que jamais serei é hipócrita. No dia em que perceber que meu comportamento não é compatível com minhas convicções religiosas, deixarei o trabalho a que me dedico.

Clóvis e Juliana sentiram que havia sinceridade naquele homem sereno e espiritualizado.

Não obstante, Clóvis sentia-se incomodado com aquela situação.

– Acredito em sua honestidade, mas por uma questão de justiça, até em seu benefício, seria importante esclarecer o assunto. Fico imaginando se a situação não teria sido invertida, com a iniciativa do assédio partindo de Larissa.

Considerando o caráter confidencial daquela conversa, Luciano poderia responder afirmativamente, resolvendo o assunto. Porém sabia que isso implicaria condenar Larissa diante dos próprios familiares. Não ficaria feliz.

Sorrindo, conjecturou:

- Se alguém nos acena com um lenço de longe, estará nos chamando, saudando, pedindo socorro, despedindo-se? Melhor encerrarmos este assunto que nenhum proveito nos trará.

A evasiva enigmática de Luciano dizia da grandeza de sua alma, recusando-se a comprometer Larissa.

Pouco depois o casal dirigiu-se ao salão de reuniões. Enquanto esperavam pelo início, Juliana comentou:

- Começo a imaginar que essa história toda foi mal contada. É bem típico de Larissa enredar pessoas em suas tramas.

- Sem dúvida, e isso não só desfaz qualquer dúvida sobre o comportamento de Luciano como aumenta minha admiração por ele. Em nenhum momento insinuou essa possibilidade.

Desde a prece de abertura ao encerramento, Juliana acompanhou atentamente as pregações doutrinárias, não encontrando uma vírgula sequer que lhe permitisse identificar o diabo naquele recinto.

Pelo contrário: falava-se em Deus, explicavam-se os problemas da existência humana, a partir de conceitos de que ela jamais cogitara - reencarnação, lei de causa e efeito, mediunidade...

Era tudo novidade, chocava sua concepção evangélica, porém não podia negar que as palestras guardavam compatibilidade com a lógica ao explicar as desigualdades humanas.

Chamou sua atenção o comentário sobre um tópico da epístola de Tiago, capítulo dois:

Meus irmãos, que proveito há se alguém disser que tem fé, e não tiver obras? Pode essa fé salvá-lo?

Se o irmão ou a irmã estiverem nus, e tiverem falta de mantimento cotidiano, e algum de vós lhes disser: ide em paz; aquecei-vos e fartai-vos, mas se não lhes derdes as coisas necessárias para o corpo, que proveito há nisso?

Assim também a fé, se não tiver obras, é morta em si mesma.

Seria o Evangelho ali comentado diferente da Bíblia a que estava acostumada? Guardou bem a citação: *Tiago, capítulo dois*. Queria conversar com o pastor Nemésio a respeito. Nunca ouvira nada igual na igreja. Sempre aprendera que a fé em Jesus é suficiente para a salvação. No entanto estava ouvindo que não basta a fé, que a fé não será autêntica se não houver obras. E isso com base num texto evangélico.

Era um *nó* na sua cabeça!

•••••

De retorno ao lar, Juliana procurou Ester, que via televisão em seu quarto.

– Então, mamãe, como está?

– Tudo bem, minha filha. Creio que a pressão baixou, porquanto desapareceu a dor de cabeça. E vocês, como foram de passeio? Tudo bem?

Juliana, que não gostava de segredos, explicou:

– Mamãe, sei que a senhora ficará aborrecida, mas é preciso dizer-lhe que fui ao Centro Espírita com Clóvis.

Ester horrorizou-se.

– Não acredito! A casa do demônio!

– Pare com isso, mamãe. Não vi nada de demoníaco lá. Pelo contrário, fala-se em Jesus, na prática do Bem, no empenho de renovação.

– Artimanhas do tinhoso, minha filha. Jesus dizia que é capaz de envolver até os eleitos!

– Mamãe, a senhora sabe que sou ligada em nossa igreja. Gosto muito das pregações do pastor, mas é preciso reconhecer que as pessoas devem ter a liberdade de escolher como adorar a Deus. E o que eu vi no Centro foi gente de boa vontade, procurando servir. A propósito, a senhora conhece a epístola de Tiago?

– Sim, Tiago foi um dos membros do colégio apostólico.

– Nunca ouvi comentários sobre essa epístola em nossa igreja.

– Não é importante como as de Paulo e Pedro.

– Ou será porque contraria alguns princípios de nossa religião?

– Como assim?

– Aprendemos que a fé em Jesus é suficiente para a salvação. No entanto, Tiago diz que a fé sem obras é morta. Passa a ideia de que acreditar em Jesus não é suficiente.

– Cuidado, minha filha, você foi na casa do demo e já voltou com dúvidas. A grande promessa de nossa igreja é justamente essa: aceitando Jesus estaremos salvos!

– Bem, mamãe, não vamos discutir isso agora. Em atenção à senhora não voltarei ao Centro, mas não quero que critique Clóvis por frequentar aquelas reuniões. Fazem bem a ele e tudo o que desejo é que meu marido encontre a paz, não importa em que igreja.

– E quanto ao orientador que assediou Larissa? Acha razoável confiar nele?

– Abordamos o assunto com ele. Sua postura nos impressionou. Em nenhum momento rebateu, acusando Larissa. Insistiu que foi tudo um mal-entendido.

– Você está sendo ingênua, minha filha. De qualquer forma não posso questionar a participação de Clóvis, mas ficarei muito triste se souber que você voltou lá.

– Fique tranquila, mamãe, não lhe darei esse desgosto.

Para Juliana já fora uma grande vitória sua mãe dispor-se a não questionar Clóvis.

Capítulo 18

Quem não gostou nada do que estava acontecendo foi Cícero, a comentar com Júlio:

– Nosso plano de afastar Clóvis do Centro Espírita não deu certo. Vamos mobilizar outros recursos. Temos que apertar o cerco. É fundamental induzi-lo ao suicídio enquanto está fragilizado.

– O que faremos?

– Você será o instrumento ideal, com suficiente ódio por Clóvis para atingi-lo. A partir de hoje ficará com ele o tempo todo. Providenciaremos para que companheiros cuidem de Rita. Ligue-se a Clóvis, envolva-o em vibrações deletérias, pressione sua consciência. Ele acabará por sucumbir à pressão.

Desde os primeiros contatos, Júlio perguntava-se o porquê daquele empenho de Cícero em provocar o suicídio de Clóvis. Aproveitou o ensejo para questionar:

– Meu desejo de vingar-me de Clóvis é inspirado na justiça. Ele tem que pagar pelo crime que cometeu contra minha filha. Não entendo, porém, o seu empenho. Há algo que eu não saiba?

– É uma questão de justiça, sim, Júlio, não apenas em relação à sua filha, mas também em relação ao meu passado. Há perto de cento e cinquenta anos esse criminoso era um poderoso fazendeiro no interior do Brasil e eu um sitiante modesto. Ele pretendeu comprar minha pequena propriedade, a qualquer custo. Como resisti à sua insistência, ele providenciou para que eu, esposa e filhos fôssemos assassinados, e tomou posse de tudo. Desde então vivo atormentado e não terei paz enquanto não me vingar. Liguei-me a um grupo de vingadores há um século e tenho exercitado a justiça, castigando gente de má índole. Com a ajuda de meus companheiros, finalmente localizamos o criminoso reencarnado, em nova existência. Clóvis é o mesmo facínora que matou minha família e provocou o suicídio de sua filha.

Júlio ouvia, espantado.

– Cento e cinquenta anos, Cícero? É muito tempo!

– Que se passem mil anos! Não terei sossego enquanto não submetê-lo a toda sorte de vexames e torturas.

– E sua família?

– Não tenho mais família, ficou tudo para trás. Só a vingança é objeto de minhas cogitações...

Não obstante a dureza daquelas afirmações, elas não exprimiam sinceridade. No fundo, Cícero sentia-se carente de afeto, do contato com os entes queridos de quem se afastara a partir da equivocada decisão de que era preciso vingar-se.

Quando analisamos situações dessa natureza, que se repetem nas reuniões mediúnicas de desobsessão, reconhecemos a sabedoria de Jesus, ao insistir que é preciso perdoar sempre.

Os que não perdoam tornam-se escravos do revide. Sofrem muito mais do que aqueles que são objeto de seu ódio.

•••••

A partir da orientação de Cícero, Júlio passou a acompanhar seu desafeto, a atormentá-lo com vibrações deletérias e pensamentos desajustados.

Clóvis, que vinha melhorando com o tratamento espiritual, experimentou perturbadora recaída.

Foi preciso muita força de vontade para não abandonar os compromissos profissionais no hospital, o atendimento de crianças na creche, a frequência ao Centro.

Seu desejo, mais do que nunca, era sumir, ainda que tivesse que apelar para o suicídio.

Luciano, experiente no lidar com processos obsessivos, logo percebeu o que estava acontecendo.

Voltaram a conversar.

– Então Clóvis, como vão as coisas?

Clóvis esboçou um sorriso triste.

– Se quer saber, meu caro, estão péssimas. Sinto-me um lixo. Todas as manhãs é uma tortura levantar, assumir compromissos. Minha vontade é que o mundo acabe.

– Como já lhe disse, essa recaída é normal, porquanto exprime o empenho dos Espíritos que o perturbam em convencê-lo de que o tratamento não está surtindo efeito. Apertam o cerco porque temem perder a presa. É preciso perseverar.

– Confesso-lhe que a ideia de afastar-me vem martelando minha cabeça.

– É o que os obsessores pretendem. Querem convencê-lo de que não adianta, porém eu lhe digo que adianta, sim! Se você persistir acabará vencendo essa *queda de braço* com eles.

●●●●●

O leitor certamente indagará: por que os mentores espirituais não interferem, em processos obsessivos, afastando as entidades e libertando as vítimas?

Por que as deixam à mercê de seus perseguidores?

Afinal, não pode o Bem sempre mais?!

Ocorre que eles não atuam como *mocinhos* perseguindo *bandidos*. Consideram filhos de Deus tanto os obsidiados quanto os obsessores. Estes, não raro, são até mais carentes de ajuda, como acontecia com Cícero e Júlio, principalmente o primeiro, que perdera a noção do tempo, dominado pelo rancor.

É preciso ter sempre presente a observação de Jesus: *os sãos não precisam de médico*. Haverá doença mais grave, mais comprometedora do que o ódio, que inspira filhos de Deus a perseguirem seus irmãos?

Por outro lado, há um princípio que é preciso reiterar, sempre destacado pela Doutrina Espírita: os laços que ligam obsessores a obsidiados não devem ser *cortados*, o que poderá acarretar graves prejuízos para o encarnado, em face da íntima ligação mental com o perseguidor espiritual.

É melhor que sejam *desatados*, a partir do trabalho em favor da mudança de postura, de renovação em ambas as partes.

Capítulo 19

Em plena madrugada, Clóvis agitava-se na cama. Juliana percebeu que estava tendo um pesadelo.

– Clóvis, Clóvis, acorde!

Ele abriu os olhos, atordoado.

– Calma, meu bem! É apenas um sonho! O que houve?

– Um pesadelo! Vi-me numa caverna escura, dois homens me seguravam, obrigando-me a caminhar com eles até uma jovem deitada no chão, expressão atormentada, sono profundo. Em dado momento pareceu acordar e, ao ver-me, estendeu-me os braços, a reclamar por tê-la abandonado. Foi horrível!

– Você a conhece?

Clóvis vacilou. Era Rita. Não se sentia encorajado a falar do assunto para Juliana. Ela não sabia de seu comprometimento com a jovem suicida.

– Não... e nem sei quem poderá ser.

– Lembro que o pregador espírita falou sobre a reencarnação. E se for alguém de seu passado, um fantasma que o assombra, sustentando a depressão?

Pelo pouco conhecimento que já adquirira, Clóvis considerou, intimamente, ser bem provável que isso estivesse acontecendo, com a diferença de que não se tratava de vida anterior.

Guardava bem nítida a lembrança de seu romance com Rita, no início de sua carreira como médico.

Jovem universitária, insinuante e linda, exercera sobre ele uma atração passional irresistível. Tornaram-se amantes, mas com o tempo a paixão arrefecera nele. O mesmo não acontecera com ela, cada vez mais envolvida, a ponto de tornar-se inconveniente, sempre a cobrar sua presença, seu carinho.

A situação culminara com a declaração de Rita de que estava grávida. Lembrava bem do último encontro, quando ela lhe fizera a revelação.

Conversavam em seu automóvel, em lugar reservado.

Clóvis mostrava-se distante e silencioso, aquele alheamento entediado de paixão esgotada.

Então, veio a bomba:

– Meu amor, tenho uma surpresa para você.

Ele não se deu ao trabalho de fitá-la. Imaginava tratar-se de um mimo. Era pródiga em presenteá-lo. Olhar perdido, não demonstrou nenhum interesse em saber do que se tratava.

– Estou grávida!

Ele gelou. Uma gravidez era tudo o que não desejava!

– Grávida?!

– Sim, meu querido. Fiz o teste.

Abriu a bolsa e mostrou o resultado do laboratório.

Clóvis leu a perturbadora observação: *Parabéns, você será uma feliz mamãe!*

– Não estou entendendo. Você não tem tomado a pílula?

– Não com frequência. Creio que no fundo foi porque eu quero ter um filho seu.

– E como vou saber que é um filho meu?

Uma punhalada não teria doído tanto.

Rita fitou Clóvis perplexa, num misto de surpresa e dor.

– Está brincando...

– Falo a verdade. Universitárias não primam pela fidelidade...

Rita começou a chorar.

– Como pode falar assim? Quem pensa que sou? Desde o início lhe disse que você era o homem de minha vida!

Por um momento Clóvis comoveu-se com suas lágrimas, mas não podia ceder.

– Sinto muito, Rita. Não posso assumir essa responsabilidade. Seu descuido foi lamentável...

Antes que ele pudesse esboçar um gesto, Rita deixou o automóvel e sumiu na escuridão.

De retorno ao seu apartamento, mais calmo, Clóvis arrependeu-se de ter sido tão duro e insensível. Agira de forma criminosa. Certamente era seu filho, sim. Imperioso corrigir o erro. Falaria com ela, assumiria sua responsabilidade.

Não houve tempo.

Na manhã seguinte ficou sabendo que ela sofrera grave acidente dirigindo o carro de seu pai. Precipitara-se num rio e morrera afogada.

Na verdade, fora um suicídio.

Desesperada pela rejeição de seu amado, preferira a morte.

Para todos os efeitos fora um acidente.

Rita não informara a ninguém sobre a gravidez e sua relação com Clóvis era mantida em segredo.

Assim, não houve qualquer suspeita, nem de suicídio, nem de seu envolvimento. O inquérito logo foi encerrado com a conclusão de que se tratara de trágico acidente.

Clóvis compareceu ao velório arrasado.

Ninguém poderia imaginar que as lágrimas que verteu ao contemplar Rita morta refletiam amargo arrependimento, gerando um perturbador complexo de culpa.

Se tivesse o dom da vidência veria um Espírito de carantonha sinistra, que, dominado pelo ódio aproximou-se dele, jurando que haveria de pagar pelo que fizera à sua filha.

A partir de então, Clóvis nunca mais tivera sossego, consciência atormentada, com o agravante da presença de Júlio, que o assediava.

Prosperara na profissão como médico, melhorara sua condição econômica, casara-se, tinha em Juliana e nos filhos suas maiores bênçãos, mas sem nunca sentir-se plenamente realizado. Havia sempre algo a perturbá-lo. Havia sempre a lembrança de Rita e o ódio de Júlio.

Nos últimos anos a insatisfação e o sentimento de culpa recrudesceram. Surgira a depressão.

Era Cícero que o localizara, finalmente, e mais experiente associara-se a Júlio, para levarem ao suicídio o odioso adversário.

– Então, meu bem, está melhor? – perguntou Juliana, interrompendo suas cogitações íntimas.

– Sim – balbuciou, disfarçando a preocupação.

– Não seria interessante falar com Luciano? Ele talvez tenha uma explicação para esse pesadelo.

– Falarei com ele na primeira oportunidade.

Clóvis começava a sentir que era preciso abrir-se com alguém.

Luciano, sem dúvida, era a pessoa mais indicada para ouvir sua confissão.

Capítulo 20

Clóvis ligou para Luciano.

– Bom dia, Luciano, é o Clóvis.

– Oi, meu amigo, bom dia! Como vão as coisas por aí?

– Mais ou menos – respondeu reticente...

– E a depressão?

– Altos e baixos. Hoje estou em baixa...

– É assim mesmo, é preciso ter paciência e seguir as orientações. No fim dará certo.

– É o que espero. Gostaria de conversar hoje. Tenho algo a lhe dizer.

– Pode ser à noite?

– Sim.

– Participo de uma reunião mediúnica às vinte horas. Conversaremos às dezenove.

– Ótimo. Estarei lá.

•••••

Conforme o combinado, Clóvis procurou Luciano. Conversaram em sala reservada.

Clóvis adiantou o assunto:

– O que vou lhe dizer é grave. Peço-lhe guardar sigilo absoluto.

– Esteja tranquilo. Ficará entre nós.

– Numa de nossas conversas você perguntou-me sobre algo marcante que justifique o problema de saúde que venho enfrentando. Não lhe contei um episódio grave que aconteceu há perto de vinte anos, envolvendo uma estudante universitária.

– Rita... – murmurou Luciano.

Clóvis assustou-se. Já não era segredo!

Perguntou reticente:

– Sabe, então, de quem se trata?

– Antes de tudo, conte sua história.

Clóvis abriu o coração, relatando o que considerava o grande erro de sua vida, pelo qual guardava insuperável remorso. Nunca mais conseguira ter paz. Parecia-lhe pesar na consciência um acusador que não o deixava. Nos últimos tempos piorara muito, surgindo a depressão.

Luciano explicou:

– Não conheci Rita, mas sei de sua história, relatada pelo pai dela, Espírito desencarnado que há anos o persegue, pretendendo vingança.

– Meu Deus, estou pasmo! Esse tempo todo é ele quem me atormenta! É razoável ficarmos à mercê de Espíritos assim?

– Apenas quando somos sensíveis á sua influência. No seu caso é o complexo de culpa que facilita tal ação.

– E não há como livrar-me?

– Claro, esses processos contrariam as leis divinas. Ó ódio é a negação do amor, lei suprema de Deus. E é justamente pelo amor, que se manifesta na prática do Bem, que você poderá superar essa influência. Por isso lhe recomendei a reflexão, o esforço de renovação e o empenho em fazer algo em favor do próximo, desde os familiares de sangue à grande família composta por todos os filhos de Deus.

Após breve pausa, Luciano acentuou:

– Começarei a ministrar, em breve, um curso de Espiritismo e Mediunidade. Nele você terá uma noção mais clara sobre a Doutrina Espírita e, particularmente, sobre a influência dos Espíritos em nossa vida.

E sorrindo:

– Você vai aprender a lidar com seus fantasmas.

– Para lhe dizer a verdade, não sinto a mínima disposição nem mesmo para atender à rotina. Como lhe tenho explicado, a vontade é desaparecer, porém atenderei seu convite. Espero que os fantasmas também participem e se disponham a não me perturbar.

– Fique firme, Clóvis. Confie na ajuda de Deus, de Jesus, dos bons Espíritos. Você vencerá!

Luciano tinha convicção de que o problema de Clóvis transcendia um simples projeto de vingança de um pai em desespero. O caso lhe parecia mais complexo. Certamente havia algo mais, que o tempo se encarregaria de mostrar.

Havia, sim, a ação inteligente, premeditada, de um obsessor inteligente e determinado – Cícero.

Capítulo 21

Sem dizer nada a ninguém, Juliana começara a ler, às escondidas, *O Livro dos Espíritos,* que Clóvis deixava no criado-mudo, ao lado da cama, para desgosto de Ester, que via aquele *tratado do demônio* sob o teto que a abrigava.

A anciã submetia-se a esse constrangimento apenas porque era a casa de Clóvis, a quem devia respeito, principalmente pelo fato de que lhe dera guarida. Raros genros se disporiam a acolher alguém que, reconhecia, apresentava os achaques da velhice e uma progressiva vocação para a impertinência.

Juliana sempre tivera dúvidas sobre os ensinamentos de sua religião. Professora, habituada ao exercício da razão, não se conformava com determinados princípios que lhe pareciam distanciados do bom-senso.

Vezes inúmeras questionara o pastor Nemésio sobre as diferenças sociais, morais e intelectuais da sociedade humana. Por que há pobres e ricos, sãos e doentes, bons e maus, atletas e paralíticos, gênios e débeis mentais? Onde a justiça e a bondade de Deus apregoadas pelo Cristianismo?

A resposta era invariavelmente a mesma, sem satisfazê-la: inescrutáveis desígnios divinos.

Em *O Livro dos Espíritos* Juliana encontrou as respostas desejadas e desde logo admitiu que só a reencarnação, atendendo à evolução dos Espíritos, podia responder às suas dúvidas.

Desejava acompanhar Clóvis nas palestras do Centro Espírita e no curso que iria iniciar-se. Poderia até participar do trabalho de periferia, porém não queria contrariar sua mãe, tão convicta de seus princípios e tão aferrada à sua religião. Não pretendia dar-lhe o desgosto de ver a filha participar de uma atividade que considerava obra do demônio.

Então aconteceu algo inesperado: Ester começou a ter visões. Por várias vezes viu o marido Ticiano, que falecera há alguns anos. Aparecera sorridente, aproximando-se.

Experimentara um misto de alegria e pavor. Na sua concepção as almas dormiam até o juízo final. Aquela aparição não podia, portanto, ser do amado esposo.

Conversando com o pastor da igreja, este confirmara: era algum ser demoníaco que vinha perturbá-la. Não tinha nenhuma dúvida, principalmente ao saber que o genro de Ester estava *mexendo com o diabo.*

Recursos de exorcismo foram mobilizados, mas Ester continuou a ter visões, não apenas do marido, mas também de seus pais, falecidos há muito tempo. Todos se apresentavam sorridentes, amigáveis...

Ester, que em princípio preferira silenciar, foi ficando tão perturbada que se abriu com Juliana.

– Minha filha, o envolvimento de Clóvis com o demônio está repercutindo em nossa casa. Tenho experimentado visões que me deixam perturbada. Primeiro seu pai, depois seu avós... Eles se apresentam sorridentes, mas tenho certeza de que são manifestações diabólicas. Conversei com o pastor Nemésio e ele confirmou. Você precisa convencê-lo a afastar-se do Espiritismo.

– Não posso fazer isso, mamãe. Clóvis vem atravessando um período difícil, a senhora sabe disso. É no Centro Espírita que ele experimenta algum alento.

– São artes do coisa-ruim, minha filha. Afrouxa a pressão para as pessoas acharem que estão melhorando, a fim de conquistar suas almas!

– E por que o demônio iria mexer com a senhora, que não tem nada com o problema de Clóvis?

– Por que sou a única pessoa nesta casa que tem o bom-senso de perceber o que está acontecendo.

– A senhora experimentou conversar com o papai e meus avós quando lhe aparecem?

– Deus me livre! Seria atender ao demo!

– Bem, mamãe, sabemos que a melhor maneira de enfrentar essas situações é a oração. Vamos orar, pedindo a Deus nos inspire e afaste as más influências.

As vidências continuaram nos dias seguintes. Perto de Clóvis, Ester viu um homem de fisionomia odienta, que parecia acompanhá-lo como quem deseja vingar-se.

Ficou muito agitada, passando a experimentar o pavor de ficar sozinha.

Juliana, sem saber o que fazer, pediu a Clóvis falasse com Luciano, que estava habituado a conversar com os Espíritos. Talvez pudesse ajudar.

Clóvis procurou Luciano e explicou-lhe o que estava acontecendo.

Luciano sorriu.

– Isso acontece com pessoas idosas. Quando reencarnamos, o corpo físico situa-se como uma armadura que inibe o contato com a espiritualidade. Ficamos limitados aos cinco sentidos. As portas da percepção passam a ser o tato, o paladar, o olfato, a audição e a visão, inibindo as percepções espirituais. Na velhice, com o enfraquecimento físico, afrouxam-se esses laços que nos prendem à matéria, abrindo espaço para o contato com o Além. É o que está acontecendo com sua sogra, um fenômeno natural que não guarda nenhuma relação com supostas influências demoníacas.

– Os médicos falam em alucinação.

– Sim, é a tendência reducionista que caracteriza a medicina, com seu paradigma materialista. Pretende-se reduzir fenômenos espirituais a simples alterações na massa encefálica, próprias do envelhecimento. Enquanto os médicos não descobrirem o Espírito imortal permanecerão à distância da explicação racional para ocorrências que transcendem o corpo físico.

– O que fazer em relação à minha sogra?

– Podemos tentar uma conversa com dona Ester.

– Não sei se valeria a pena. Ela vê nos espíritas adeptos do demônio.

– Não é a primeira vez que converso com evangélicos a respeito desse assunto. Alguns aceitam.

– Tudo bem. Estou certo, porém, que nem por decreto ela virá aqui.

– Não há problema. Irei à sua casa, se ela se dispuser a conversar.

•••••

Juliana abordou o assunto com Ester.

– Mamãe – adiantou reticente –, estamos preocupados com suas visões. A senhora gostaria de ouvir a opinião de Luciano, que está atendendo Clóvis no Centro Espírita? Talvez ele possa tranquilizá-la.

Contando com veemente rejeição, espantou-se quando Ester concordou.

– Tudo bem. Podemos conversar, mas que o pastor não saiba.

– Ótimo, mamãe. Ele virá aqui amanhã. Teremos um encontro reservado. Ninguém tomará conhecimento. Estou curiosa. Esperava férrea resistência de sua parte. O que a fez mudar de ideia?

Ester sorriu, procurando disfarçar o constrangimento.

– Foi... seu pai.

– Papai? Não entendo.

– Ele me disse ontem que eu receberia essa visita e que não recusasse conversar, porquanto seria esclarecida a respeito dessas visões. É incrível, minha filha, mas não consigo ver nelas obras do demônio. São muito claras e objetivas. Sinto-me confusa a respeito.

– Fico feliz com sua decisão mamãe. Pelo menos teremos outra opinião.

Capítulo 22

Ester simpatizou de imediato com Luciano.

Impossível resistir ao trato delicado, à expressão espiritualizada de alguém inteiramente devotado ao bem do próximo.

Feitas as apresentações, Clóvis abriu o assunto.

– Como lhe disse, Luciano, dona Ester está preocupada com visões de familiares que já morreram. Sendo evangélica, isso a tem perturbado, porquanto, segundo sua concepção, as almas dos mortos dormem até o juízo final e, consequentemente, não podem comunicar-se com os vivos.

– Dona Ester – falou Luciano com delicadeza –, esses familiares que se apresentam intentam assustá-la?

– Não, pelo contrário, são sorridentes. Meu marido até falou comigo ontem.

– O que lhe disse?

– Que o senhor viria aqui hoje e que eu deveria ouvi-lo.

– Pelo visto, a senhora acreditou que era realmente ele, não o demônio, pois concordou em receber-me.

– Sim, sim, mas confesso-lhe que estou muito nervosa.

– Com medo?

– Um pouco.

– A senhora, como estudiosa da Bíblia, deve lembrar-se da passagem em que Saul procurou uma pitonisa para conversar com o Espírito de Samuel.

– Sim, lembro-me perfeitamente.

– A senhora acha que foi uma manifestação do demônio?

– Creio que não, mas sempre considerei uma exceção.

– É uma ideia, mas a senhora não acha que onde passa um boi passa uma boiada? Se Samuel pôde mostrar-se a Saul, por que não seu marido, seus pais? Recorde que Jesus conversava com os Espíritos, afastando os chamados *impuros* de suas vítimas. Não seriam esses Espíritos apenas as almas dos mortos, não raro querendo vingar-se de alguém por ofensas passadas?

– Tudo isso é muito estranho para mim...

– A senhora pode imaginar que aqueles Espíritos amorosos que vê, seu marido, seus pais, sejam disfarces do demônio? Se era para assustá-la ou confundi-la, por que o disfarce? Seria muito mais perturbador ele mostrar-se como é, não acha?

A argumentação de Luciano era lógica, reconheceu Ester. Não podia negar o caráter suave daquelas manifestações que haveriam de alegrá-la muito, não fossem os temores nascidos de suas convicções.

– Se são meus familiares, qual a sua intenção?

– Assim como a senhora tem saudade deles, eles estão saudosos da senhora. Por isso vêm ao seu encontro.

– Por que somente agora? Meus pais faleceram há mais de trinta anos. Meu marido faleceu há oito anos...

– Eles sempre a visitaram no passado, mas a senhora não conseguia registrar sua presença. Agora, com o enfraquecimento do corpo, pelo peso dos anos, sua sensibilidade ampliou-se, permitindo-lhe vê-los.

Embora fosse muito complicado para Ester, em face de seus condicionamentos religiosos, tudo fazia sentido.

– E o que devo fazer?

– Não tenha medo. Quando se aproximarem, dialogue com eles em pensamento. Poderá ouvi-los e realmente matar as saudades.

Após despedir-se de Ester, Luciano conversou reservadamente com Clóvis e Juliana.

– Devo dizer-lhes que essas visitas costumam ocorrer como um preparo para o retorno à espiritualidade. Provavelmente dona Ester está chegando ao fim da existência física.

●●●●●

O comentário de Luciano foi profético.

Algumas semanas depois, Ester foi acometida por uma pneumonia.

Internada no hospital, tendo ao lado Juliana, comentou:

– A orientação de Luciano foi abençoada, minha filha. Tenho conversado com seu pai e ele vem me dizendo que está na hora de nos reencontrarmos. Fico feliz em saber que não vou dormir até o juízo final e que estaremos unidos novamente. Você não ignora que essa tem sido minha preocupação constante.

– Ora, mamãe, é apenas uma impressão. Não pense que vai nos deixar tão fácil. A senhora tem muito gás ainda. Não podemos prescindir de seu concurso.

– Você, Clóvis e os meninos já são bem crescidinhos. Saberão virar-se bem – falou Ester com dificuldade – Além do mais, minha filha, estou cansada e ansiosa por reencontrar Ticiano. Antes de partir, gostaria de conversar novamente com Luciano.

– Mais alguma dúvida?

Ester sorriu, debilmente, sem responder.

Naquele mesmo dia Luciano compareceu em companhia de Clóvis e Juliana, atendendo ao seu pedido.

– Então, dona Ester, tudo bem com a senhora?

– O corpo está no fim, meu filho, mas o Espírito está bem, graças a você. Não poderia partir sem agradecer os esclarecimentos que me ofereceu. Estou tranquila agora, ansiosa por reencontrar meus amados. Só quero fazer-lhe um pedido.

– Será uma ordem.

– Continue na abençoada tarefa de divulgar essa consoladora mensagem de esclarecimento, explicando às pessoas que a morte nos coloca em contato com nossos amados que já partiram. Lamento ter essa informação apenas no final da existência. Muitas coisas seriam diferentes se eu tivesse essa visão. Deus o abençoe, meu filho.

•••••

Conforme o planejado pela espiritualidade, dias depois Ester falecia, amparada e recebida pelo marido e outros familiares saudosos.

Capítulo 23

Com a morte de Ester, Juliana sentiu-se livre do compromisso que assumira com ela e propôs-se a acompanhar Clóvis no curso de Espiritismo e Mediunidade.

Na abertura, Luciano, que era o monitor, explicou ao grupo de oitenta inscritos.

– Meus amigos, é muito comum pessoas procurarem o Centro Espírita dizendo-se perturbadas por estranhos fenômenos. Vislumbram vultos fugidios, percebem presenças invisíveis, têm sonhos perturbadores. Dirigentes mal informados, logo proclamam que isso tudo é sintoma de mediunidade. Recomendam que devem desenvolvê-la de imediato, participando de um grupo mediúnico.

É um erro crasso, porquanto esses sintomas podem ser ocasionados por uma simples excitação psíquica, sem nenhuma relação com suposta faculdade mediúnica. Mesmo que fossem médiuns, a participação em reuniões de intercâmbio sem preparo, sem estudo, apenas acentuaria sua sensibilidade, tornando-as vulneráveis a influências espirituais inferiores.

Em *O Livro dos Médiuns*, obra básica do Espiritismo, que trata do intercâmbio com o Além, Allan Kardec deixou bem claro que ninguém deve aventurar-se na prática mediúnica sem conhecimento. Ele próprio não permitia que pessoas participassem de grupos mediúnicos, na Sociedade de Estudos Espíritas de Paris, sem o devido preparo.

É o que vamos fazer durante dois anos, dividindo nosso estudo em duas partes:

No primeiro ano, temas básicos do Espiritismo: Deus, Espírito, causa e efeito, reencarnação, leis morais, sobrevivência da alma, consequência futura do comportamento humano...

No segundo ano continuaremos o estudo doutrinário, com ênfase à mediunidade, abordando-a em todos os seus aspectos. Ao final do curso iniciaremos uma nova fase, transformando esta turma de aprendizes da Doutrina Espírita num grupo mediúnico.

Quem seguir com empenho o estudo, marcando presença com assiduidade e perseverança, logo perceberá algo de importância fundamental: o Espiritismo é a mensagem mais avançada já oferecida à criatura humana. Nenhuma filosofia, nenhuma religião, nenhuma escola psicológica desdobra uma visão tão ampla sobre o destino humano: de onde viemos, por que estamos na Terra, para onde vamos.

É um estudo longo, mas gratificante, uma viagem maravilhosa pelos domínios do conhecimento espiritual, como jamais se ofereceu ao Homem, permitindo-nos conquistar aquele que é o bem mais precioso da existência: a segurança de viver.

Luciano discorreu ainda sobre os regulamentos do curso, enfatizando:

– Utilizaremos neste primeiro ano *O Livro dos Espíritos* e *O Evangelho segundo o Espiritismo,* duas obras básicas da Doutrina Espírita, que abordam os aspectos filosóficos e religiosos. Serão de uso obrigatório por todos. Nossa livraria poderá fornecer-lhes por preço módico. Será interessante, também, que todos tragam um caderno para fazer anotações. Isso não só favorecerá a atenção como permitirá fixar melhor o conteúdo da aula. Alguma dúvida?

Uma senhora perguntou:

– Num Centro Espírita que procurei disseram-me que as perturbações que venho experimentando são decorrentes de uma mediunidade que deve ser desenvolvida. Pelo visto só daqui a dois anos teremos prática mediúnica neste grupo. Como fazer?

– Como já comentei, nem sempre os sintomas apontam nessa direção. De qualquer forma, ainda que exista uma mediunidade a desenvolver, o que nos perturba não é a falta do trabalho mediúnico. O problema está em não sabermos lidar com essa sensibilidade, exatamente o que vamos aprender nas aulas.

A segunda pergunta veio de uma jovem:

– Meu filho de seis anos tem visões de Espíritos que entram em nosso lar. Ele fica com medo. Como lidar com isso?

– Contatos com o mundo espiritual não são raros em crianças, porquanto ainda não estão bem ajustadas ao corpo físico e conservam algumas percepções espirituais. Não é preciso nenhuma providência. Esse fenômeno vai desaparecer. Caso a criança esteja muito sensibilizada poderá ser trazida ao nosso atendimento fraterno, que cuida de crianças, para um tratamento espiritual que a ajudará. Fique tranquila. Ideal seria que a encaminhasse às aulas de moral espírita-cristã, para uma iniciação em ritmo de escolaridade. É nessa fase que o Espírito reencarnado mostra-se mais receptivo aos valores da religião, uma bússola segura para orientar a existência humana.

Nova indagação, desta vez de Juliana, curiosa sobre aqueles assuntos que se constituíam em novidade para ela.

– Desculpe, mas você fala com muita familiaridade sobre o mundo Espiritual, como se tivesse contato permanente. É médium?

Luciano sorriu, compreensivo.

– Não no sentido que emprestamos ao termo, intermediário dos Espíritos. Sou médium como todos o somos, porquanto temos sensibilidade para sofrer a influência do mundo espiritual. Minha familiaridade é decorrente de perseverante estudo ao longo de vários decênios.

– Poderia explicar melhor?

– Há o *médium homem*, condição do Espírito encarnado que conserva algumas percepções espirituais, e há o *homem médium*, o indivíduo dotado de maior sensibilidade que o habilita a transmitir o pensamento dos Espíritos.

Um senhor indagou:

– Pelo que você está dizendo, nem todos desenvolveremos uma mediunidade. Entendo a utilidade do estudo, mas por que participarem de reuniões mediúnicas aqueles que não atuarão como intermediários dos Espíritos?

– Uma reunião mediúnica não é feita apenas de médiuns. Há o dirigente, os doutrinadores, que vão conversar com os Espíritos, e os chamados suportes, que ajudarão com suas vibrações na sustentação espiritual do grupo para que ocorra o fenômeno mediúnico.

Após breve pausa, Luciano concluiu:

– Há muitas dúvidas bem sei, porquanto estes temas não são abordados pelas religiões tradicionais e se constituem em tabu, o que inibe qualquer pesquisa e favorece especulações. Fiquem tranquilos. Tudo será trocado em miúdos ao longo do curso e estarei sempre presente para atender a qualquer indagação.

Luciano pronunciou a prece de agradecimento e dispôs-se à conversa informal com Juliana e Clóvis, em quem via duas promessas para a seara espírita.

– Então, Clóvis, como vai o trabalho na creche?

– Muito bem, Luciano. Estou gostando de lidar com a criançada. Confesso-lhe que são os momentos em que me sinto melhor. Parece que me desligo das perturbações que me afligem. Digamos que há uma pausa abençoada nos sintomas da depressão.

– É assim mesmo. Quando nos empenhamos no Bem sintonizamos com as esferas mais altas e nos alimentamos de bênçãos. Lembre-se, todavia, do que lhe venho falando. Esses processos são lentos, demandam tempo.

– Estou confiante.

– Clóvis tem comentado comigo sua informação de que ele vem sofrendo uma perseguição espiritual. Poderíamos saber as motivações desses perseguidores? – indagou Juliana, interessada.

Luciano logo percebeu que ela não sabia de Rita e desconversou:

– Segundo o Espiritismo, vivemos muitas vidas. Como santos não somos, trazemos do passado comprometimentos que geraram inimigos desejosos de vingança. Nem sempre é possível saber exatamente a origem dessas perseguições. Eventualmente, em reuniões mediúnicas, seremos informados. O importante é a postura de Clóvis, cultivando a caridade e a confiança em Deus.

– Nesse particular, tiro o chapéu para meu marido – disse, sorridente. – Ele tem sido um herói, mantendo a disposição para o trabalho, embora, não raro, esteja literalmente a arrastar-se.

– É a melhor postura, com a consciência de que não estamos sozinhos nesse tentame. Há os bons Espíritos que nos ajudam, que nos amparam.

– E você acha que demorará muito para convencer esses Espíritos a se afastarem?

Luciano sorriu.

– Em sã consciência nada podemos afirmar, considerando que eles exercitam o livre-arbítrio. O que posso adiantar é que perseverando nos bons propósitos modificará as disposições dos obsessores, interrompendo o processo. A força do Bem é irresistível.

Capítulo 24

Júlio estava preocupado com o andamento da perseguição a Clóvis.

Conversando com Cícero, comentou:

– Encontro dificuldade para sustentar o ânimo negativo em Clóvis. Estou a acompanhá-lo em suas atividades, porém não consigo aproximar-me quando ele vai a uma creche e atende crianças.

– É natural, considerou Cícero. Quando ele se empenha em servir, modifica seu padrão vibratório, e há maior dificuldade para atingi-lo. Precisamos pressioná-lo de outra forma, buscando brechas em seu comportamento.

Acompanhando o dia a dia de seu desafeto, Cícero observou que uma auxiliar de enfermagem, Zenaide, jovem bonita e insinuante, experimentava atração por Clóvis.

Influenciada por Cícero, em breve ela envolveu-se passionalmente, cultivando devaneios eróticos. Começou a insinuar-se. Não passavam despercebidas a Clóvis as iniciativas da enfermeira – um toque de mão, a saudação com abraço apertado, um beijinho sensual nos cumprimentos, o empenho de diálogos com confidências sobre sua solidão amorosa.

Num momento a sós com Clóvis, fez uma investida mais direta.

– Doutor, podemos conversar?

– Algum problema, Zenaide?

– De certa forma sim, mas pode ser também algo bom. Como o senhor sabe, sou divorciada há três anos, e desde então não me relacionei com ninguém de forma mais íntima. Sentia-me desiludida e sem disposição para ligações afetivas. Ultimamente encontrei uma pessoa que me fez acordar para o amor, mas não sei como abrir-me, porquanto é um homem casado. O que o senhor acha que devo fazer?

Zenaide não percebia que estava agindo como uma marionete nas mãos de Cícero, que a envolvia em vibrações sensuais, alimentando-lhe a atração por Clóvis, que não conseguia manter-se insensível ante a proximidade daquela mulher jovem e bela que o envolvia.

Procurando conter a própria excitação, ponderou:

– Ora, Zenaide, se é um homem casado, creio que você deveria conter-se. Não é justo perturbar um lar...

– Mesmo sabendo que não lhe sou indiferente?

A jovem falava melifluamente, tocando de leve nas mãos de Clóvis, que mal continha o desejo de abraçá-la.

Meu Deus – angustiava-se por dentro –, não quero, não posso dar um passo em falso, comprometendo toda a assistência que venho recebendo!

E rebatia.

– Não, Zenaide, não é certo você fazer isso, não deve...

As mãos que o tocavam de leve acariciavam agora seu rosto...

– Desculpe doutor, não quero causar-lhe embaraços.

Como que à guisa de despedida, Zenaide o beijou no rosto, colando-se a ele...

Ele não resistiu, abraçando-a com força, buscando seus lábios...

•••••

Clóvis acordou péssimo.

A aventura na véspera comprometera todo o trabalho que vinha sendo realizado em seu benefício.

A consciência do erro abria as portas à influência mais intensa de Júlio, acentuando a depressão.

Torturava-se. Como pudera trair a confiança da esposa?

Sentia-se um criminoso. Ela não merecia isso.

As aventuras extraconjugais podem representar uma feliz descontração para os Espíritos imaturos, mas constituem acicate terrível para aqueles que já têm consciência de suas responsabilidades, senso moral desperto.

Exatamente o que acontecia com Clóvis. Ele não se perdoava pela defecção, cedendo à influência de Cícero, que voltava a ter controle mais intenso sobre sua vítima.

A ideia do obsessor era alimentar o romance proibido, contando com o comportamento volúvel de Zenaide.

Por algumas semanas, Clóvis manteve o relacionamento extraconjugal, alternando momentos de descontração erótica com horas de depressão acentuada, consciência ferida.

Pensou em deixar o tratamento espiritual, afastando-se do Centro, porquanto não tinha a mínima vocação para a hipocrisia.

Juliana insistia:

– Algum problema, querido?

Era difícil esconder algo de Juliana. Em face dos longos anos de convivência, ela o conhecia muito bem. Mesmo assim, disfarçou:

– Não meu bem, não há nada. Apenas sinto-me cansado, desanimado... Estou pensando até em dar uma pausa nas atividades do Centro.

Juliana sobressaltou-se.

– Lembra-se que Luciano nos advertiu de que isso aconteceria? Que Espíritos que não desejam nosso bem, haveriam de apertar sua influência, criando-nos embaraços para desistirmos?

Clóvis sabia disso muito bem. Luciano o advertira inúmeras vezes. Provavelmente aquele envolvimento com Zenaide era uma iniciativa de seus perseguidores, porém não sabia o que fazer.

A tentação era grande, irresistível o envolvimento passional.

Capítulo 25

A intenção de Cícero não era apenas perturbar ainda mais Clóvis com aquela ligação passional. Pretendia um grande escândalo que abalasse sua carreira e o casamento, acentuando de tal forma a depressão que ele finalmente optasse pelo suicídio.

Zenaide era suficientemente imatura para agir como um boneco em suas mãos.

Hábil em suas maquinações, induziu-a a imaginar que poderia conquistar Clóvis em definitivo se tivesse um filho dele. Assim, deixou de tomar o contraceptivo e veio o dia em que entrou em período fértil.

Cícero regozijava-se. Seus planos iam muito bem.

O jogo amoroso ocorria sempre após o expediente no consultório. Enquanto Clóvis atendia o último paciente, Zenaide aguardava na sala de espera a sós. A secretária retirara-se.

Entrou um homem a perguntar por Clóvis.

– Sinto muito – adiantou Zenaide –, o doutor está com o último paciente e a secretária já saiu. Será preciso marcar consulta amanhã.

O interlocutor sorriu, explicando:

– Não, minha jovem, não vim como paciente. Apenas quero conversar com Clóvis.

Mal disfarçando a contrariedade, ante aquele estranho que e que estragaria seus planos, Zenaide afirmou:

– Ocorre que o doutor tem uma emergência. Estou aqui para acompanhá-lo.

– Não será melhor deixar que ele resolva? – perguntou incisivo o visitante.

Zenaide irritou-se.

– O senhor não está entendendo. Não será possível vê-lo hoje...

Nesse ínterim, a porta do consultório se abriu e saiu Clóvis, acompanhando o cliente que se retirava.

– Ah! Meu caro Luciano! – falou agradavelmente surpreendido – É um prazer vê-lo por aqui! Vamos entrar...

Zenaide tentou intervir.

– Doutor, e o compromisso?

– Depois cuidaremos disso, Zenaide.

– Tudo bem, vou esperá-lo – balbuciou a enfermeira, contrafeita.

Luciano adiantou:

– Desculpe Clóvis, estar a incomodá-lo. Se tem algum compromisso...

– Fique tranquilo, não é nada importante. E quanto a você? Espero que seja uma visita cordial, sem problema de saúde.

– Estou bem, com a graça de Deus. Antes de dizer-lhe por que vim incomodá-lo, gostaria de contar um episódio que vivi há muitos anos. Pode dar-me um tempinho?

– Todo tempo!

– Jovem ainda, eu participava de reuniões públicas no Discípulos de Allan Kardec, aos domingos, no período das quinze às dezesseis horas. Era uma reunião concorrida, porquanto havia a aplicação de passes magnéticos, o grande atrativo para pessoas que veem no Espiritismo um hospital para males do corpo e da alma. Um rapaz que viera de outra cidade começou a frequentar as reuniões, submetendo-se ao tratamento. Cheguei a conversar com ele algumas vezes e fiquei sabendo que ambos residíamos no mesmo edifício de apartamentos. Ele no quinto andar, eu no segundo.

Clóvis acompanhava curioso a narrativa, perguntando-se qual o significado daquela história que levara Luciano a vir ao seu consultório.

Ele continuou:

– Certo domingo, após a reunião e a aplicação dos passes, retornei ao meu apartamento, por volta de dezessete horas. Ao entrar no prédio lembrei-me do rapaz e surgiu o impulso de visitá-lo. Seria uma cortesia que poderia estreitar laços, até por uma questão de delicadeza, a ver como estava reagindo ao tratamento. Ao entrar no elevador, o impulso foi de apertar o botão do quinto andar, mas relutei e acabei apertando o do segundo. Entrei no apartamento, deitei e dormi ligeiro sono. Acordei por volta de dezoito horas, banhei-me, tomei um lanche e saí para ir ao cinema. Na portaria deparei-me com grande movimento, muitas pessoas, ambulância, carro de polícia... Perguntei ao zelador o que tinha acontecido. Explicou-me que o rapaz do quinto andar suicidara-se com um tiro no peito.

Clóvis espantou-se.

– Então o impulso de visitá-lo...

– É o que você está pensando – completou Luciano. – Certamente fui inspirado por algum amigo espiritual do rapaz que naquele momento estava cogitando de matar-se. O suicídio, Clóvis, não raro é fruto de um impulso de momento, inspirado por Espíritos obsessores que querem nosso fracasso.

– Imagino seu complexo de culpa.

– Em princípio sim, culpado por omissão. Poderia tê-lo salvo, talvez, se fosse até lá, se conversássemos. Esse episódio levou-me a considerar como é importante darmos atenção aos impulsos que surgem para visitar, amparar, socorrer alguém. Quando nos dispomos a ouvir os apelos do alto, passamos a distribuir bênçãos ao redor de nossos passos. Assumi, então, o compromisso de jamais rejeitar essa abençoada convocação.

Clóvis sorriu:

– Posso concluir que você procurou-me cumprindo sua função de socorrista inspirado pelo Além. No entanto, posso garantir-lhe que pelo menos neste momento não estou com ideias sinistras na cabeça.

– Olhe meu amigo, pode não ser problema de suicídio, mas que há alguma coisa não tenho dúvida. Desculpe minha pretensão de invadir sua intimidade. Vim até aqui porque sinto que algo de grave está para acontecer. Estou certo de que nossos amigos espirituais estão tentando evitar que você se comprometa em alguma iniciativa infeliz.

Luciano fazia-se acompanhar dos benfeitores espirituais que o assistiam, o que mantinha Cícero à distância, reduzindo a conturbação passional que agitava Clóvis.

– Você está certo, Luciano, e é por confiar em nossa amizade que quero abrir meu coração. Não obstante todos os benefícios e esclarecimentos que recebo no Centro, particularmente de sua parte, cometi uma grande imprudência. Envolvi-me com a enfermeira que você viu ao entrar. Amo Juliana, que é a mulher de minha vida, mas deixei-me seduzir pela beleza dessa jovem. É coisa física, atração sexual. Reconheço que essa experiência está agravando minha depressão.

Luciano logo percebeu que os inimigos espirituais de Clóvis haviam preparado uma armadilha e ele, invigilante, caíra, mas tinha suficiente conhecimento para saber que não lhe competia criticar.

– Sua experiência, Clóvis, lembra-me o apóstolo Paulo quando dizia: *O bem que eu quero, não faço, o mal que não quero, esse faço*. Imperfeitos e frágeis que somos, podemos ser facilmente envolvidos por Espíritos que desejam nos prejudicar. Vejo a influência das sombras, apertando o cerco para você desistir dos bons propósitos.

– E agora, meu amigo, o que farei? Não me sinto encorajado a cortar esse vínculo passional. É como um vício incontrolável e temo pela reação de Zenaide. Ela pode fazer um escândalo. Talvez seja melhor ir devagar...

– Não, Clóvis, não é assim que funciona. Se você quer interromper essa ligação ilícita faça de pronto, agora. A situação é grave, meu amigo. Se permitir que seus perseguidores espirituais continuem a exercer sua influência, não conseguirá livrar-se.

Clóvis considerou que fazia sentido. Aquela ligação ilícita era apenas mais um elemento de opressão em sua alma. Sentia-se péssimo pela traição. Juliana não merecia essa desfaçatez. A euforia da comunhão sexual com a enfermeira era sempre sucedida por um agravamento da depressão. Certamente a interferência de Luciano era a oportunidade para mudar a situação.

Não imaginava que era bem mais que isso: o esforço dos mentores espirituais, evitando uma paternidade, que não lhe traria nenhuma satisfação, atendendo aos planos sinistros de Cícero.

– Sinto-me meio perdido, sem forças para reagir – balbuciou, desconsolado.

– Terá que reagir, é imperioso que acorde, Clóvis, interrompendo de imediato essa ligação comprometedora.

– Você me aplicaria um passe? Estou muito perturbado!

– Claro, todos os dias se quiser.

Luciano postou-se diante do amigo e, preparando-se para o passe, orou, contrito.

– Senhor Jesus, temos perfeita consciência de nossas responsabilidades ante a visão dos destinos humanos proporcionada pela Doutrina dos Espíritos. Sabemos hoje, mais do que nunca, que é preciso vivenciar o Evangelho, a fim de que nos libertemos dos sentimentos negativos que fazem nossa infelicidade. Ansiamos por pautar nosso comportamento em teu roteiro de bênçãos, mas porque somos muito frágeis é que te imploramos: ampara-nos, Senhor! Ajuda-nos a superar nossas mazelas, a eleger o Bem como o ideal de nossas vidas, a fim de que não nos comprometamos nos desvios da insensatez.

Após breve pausa, Luciano concluiu:

– Permita Senhor, que sob a proteção de nossos amigos espirituais possamos beneficiar nosso irmão Clóvis, ajudando-o a superar as perturbações que o oprimem.

Ato contínuo, Luciano estendeu as mãos sobre o amigo, aplicando-lhe recursos magnéticos, sob assistência de benfeitores espirituais, em vigorosa limpeza psíquica.

Possuído de súbita emoção, Clóvis chorou longamente, enquanto recebia o benefício do passe. As lágrimas que brotavam de seu coração tomado de contrição neutralizavam o impulso passional que o movia, alimentado por Cícero.

Após o passe, ainda por longos minutos, Clóvis esteve assim, a chorar, observado por Luciano que, igualmente sensibilizado, enxugava discretas lágrimas.

– Meu caro amigo – falou comovido –, raras vezes tenho sentido um envolvimento tão grande da parte de nossos mentores espirituais. Você foi largamente beneficiado e preparado para fazer o que sua consciência vem recomendando.

Clóvis abraçou longamente o amigo, incapaz de conter as lágrimas que insistiam em aflorar nos seus olhos.

– Deus lhe pague, Luciano, pelo bem que me proporcionou. Sinto-me fortalecido para fazer o que tem que ser feito.

– Deus o abençoe e inspire, meu caro! Posso pedir lhe um favor?

– Claro! Você manda.

– Uma carona.

– Sem problema! Está sem automóvel?

– Houve um desarranjo inesperado com meu carro. Vim de ônibus.

Clóvis suspirou aliviado. O pedido do amigo dava-lhe uma desculpa para descartar o encontro com Zenaide.

O que ambos não sabiam é que o problema fora gerado a partir da iniciativa de Artúrio, considerando que Clóvis não estava suficientemente preparado para resistir à sedução da enfermeira.

Pouco depois Luciano saiu, cruzando com Zenaide na sala de espera.

Constatou que era uma linda moça, mas não teve boa impressão. Havia algo perturbador e sensual em seu olhar. Restava-lhe torcer para que o amigo se dispusesse a interromper aquela ligação ilícita.

Zenaide entrou no gabinete.

– Saudade, meu bem – disse melíflua, enlaçando-se a Clóvis, que evitou seus lábios ardentes.

– Desculpe, Zenaide, mas tenho um compromisso com o amigo que está aí fora.

Ela cerrou o cenho, contrafeita. Não podia perder a oportunidade. Era o momento certo para engravidar.

– É algo mais importante que eu? Pelo menos que espere um pouco. Estou sedenta de você!

– Não! – falou firme Clóvis, procurando desvencilhar-se. – Tenho que ir...

– Então, amanhã?

– Sim... amanhã... – falou reticente.

E saiu ao encalço de Luciano. Só a presença do amigo mesmo, para neutralizar o forte desejo de abraçar a jovem, esquecendo compromissos, família, espiritualidade, dando vazão ao impulso passional.

A Zenaide, contrafeita, restou aguardar, impaciente, o encontro do dia seguinte para concretizar seus planos.

Sob indução de Cícero, ter um filho de Clóvis tornara-se uma ideia fixa.

Nem ela nem o obsessor, entretanto, contavam com uma interferência de Artúrio.

Com recursos magnéticos, à noite, o mentor espiritual apressou o ciclo biológico de Zenaide que, na manhã seguinte, decepcionada, constatou que a indesejável menstruação chegara.

Pode parecer-lhe estranha, caro leitor, a interferência de Espíritos amigos promovendo o desarranjo no carro de Luciano e a menstruação em Zenaide.

Mais estranho seria considerar que, a pretexto de nos oferecer liberdade plena, nossos mentores omitam-se inteiramente.

Qualquer pessoa de bom senso perceberá que há doenças e males providenciais, em nossa existência, convidando-nos à reflexão, inibindo iniciativas desastrosas e convocando-nos a buscar os valores espirituais.

O sino de Deus, a dor, que costuma nos colocar de joelhos, aproximando-nos dos valores religiosos, nem sempre é a mera consequência de nossos desatinos.

Plange, também, por iniciativa de benfeitores espirituais em nosso socorro, ante situações comprometedoras.

●●●●●

Nos dias que se seguiram, Clóvis procurou afastar-se paulatinamente de Zenaide, sob alegações diversas – trabalho, compromissos, saúde... Evitava cortar a ligação abruptamente, por temer uma reação comprometedora da amante.

Ocorre que, não obstante volúvel e sob ação de Cícero, a ambiciosa enfermeira não era totalmente desprovida de bom senso. Percebeu que Clóvis esfriara, desinteressando-se, e resolveu dar o assunto por encerrado, evitando uma insistência que poderia trazer-lhe prejuízos na atividade profissional.

De nada valeu o esforço de Cícero. Zenaide simplesmente desligou-se, logo envolvendo-se com outro médico, para alívio de Clóvis.

Capítulo 26

Passaram-se alguns meses.

Superada a ligação ilícita, Clóvis, acompanhado por Juliana, integrava-se nas atividades do Centro, frequentando reuniões públicas, participando do curso de mediunidade, atendendo à criançada na creche.

Não obstante, repetiam-se, insidiosas, as crises de depressão.

Conversando com Luciano, comentou:

– Tenho a sensação de que estou vivendo numa montanha russa emocional, hora enlevando-me com as atividades desenvolvidas no Centro, particularmente na creche, hora com a sensação de queda vertiginosa no desalento. Nesses momentos tenho vontade de largar tudo, o Centro, a profissão, a família, fugindo do convívio social, da própria existência.

– É natural – explicou Luciano, paciente. – Embora todos os recursos mobilizados em seu benefício, você tem compromissos cármicos, em ligações do pretérito com os Espíritos que o perturbam. Essas ligações não são desfeitas do dia para a noite. Pedem o concurso do tempo e perseverança no Bem.

– Confesso que às vezes desanimo. Meu esteio tem sido Juliana. Não sei o que seria de mim sem ela. Sinto-me um criminoso cada vez que me lembro da leviandade de envolver-me numa aventura extraconjugal.

– O passado passou, vamos cuidar do presente. O importante é que você se arrependeu e hoje está mais consciente de que é preciso respeitar os compromissos conjugais.

– E as reuniões mediúnicas de desobsessão? Há alguma novidade?

– Tenho conversado com os Espíritos que o perturbam. Como sempre, apresentam-se ameaçadores, criticando nossa interferência, prometendo vingança. É um bom sinal, conforme tenho comentado. Tal reação demonstra que estão perdendo terreno no processo a que se entregam. Sua adesão aos princípios espíritas, meu caro, seu empenho de renovação, dificultam o assédio obsessivo, porquanto eles não têm poderes para provocar o mal em nós. Podem apenas exacerbá-lo.

– Digamos que a obsessão surgiu a partir da depressão e, à medida que a combato, eles perdem acesso.

– É mais ou menos isso, embora devamos considerar que, se a obsessão pode ser consequência da depressão, também é possível que a depressão seja consequência da obsessão. Causa e efeito aqui se conjugam, e fica até difícil estabelecer qual apareceu primeiro, como a história do ovo e da galinha.

– O jeito é perseverar no bom caminho...

– Exatamente. Com relação à ação dos nossos benfeitores espirituais, Artúrio informou, numa reunião, que estão sendo ultimados preparativos para uma ação decisiva junto aos obsessores.

– Não lhe disse o que seria?

– Pediu apenas que aguardássemos.

●●●●●

Por várias vezes Cícero e Júlio voltaram a manifestar-se no grupo mediúnico de desobsessão dirigido por Luciano.

Sempre que era colocado o nome de Clóvis para as vibrações em seu benefício, em momentos de crises, um deles comparecia.

Aqui, leitor amigo, há um aspecto muito interessante.

Frequentemente, nas reuniões que dirijo manifestam-se Espíritos perturbadores que têm alguma ligação com pessoas cujos nomes foram enunciados no trabalho de vibrações.

Considero as vibrações de grande valor nessas reuniões, não só pelos benefícios que prestam às pessoas que as recebem, mas também porque geram um foco magnético que atrai Espíritos que, consciente ou inconscientemente, estejam a perturbá-las.

Nem sempre há intencionalidade. Espíritos que desencarnam sem o mínimo preparo ficam meio perdidos. Como o plano espiritual é apenas uma projeção do plano físico, começa na crosta terrestre, é comum que perturbem a própria família com sua presença, a reclamarem atenção, a irritarem-se porque ninguém os ouve.

As vibrações os atraem para as reuniões, onde podem ser esclarecidos e ajudados, aliviando os familiares.

É mais difícil quando lidamos com obsessores como Júlio, um pai atormentado à procura de vingança e, particularmente, Cícero, ardiloso, consciente, agressivo, que se compraz no que faz.

Normalmente esses Espíritos reclamam que estão amarrados. Na verdade estão apenas contidos pelo ambiente ajustado, e sempre lhes digo que se acalmem para livrarem-se das *amarras*.

Luciano percebia que Júlio já não estava tão impermeável ao auxílio espiritual. Chegou a chorar em algumas manifestações, lamentando a situação de Rita.

Numa dessas oportunidades, Luciano propôs:

– Dá para perceber que sua obstinação em perseguir Clóvis é sustentada por sua incapacidade de socorrer sua filha, não é mesmo? Sabemos que o suicídio precipita o Espírito em tormentos terríveis, a ponto de dizerem os que se matam que não há sofrimento na Terra que se lhes compare.

– Sim, por isso mesmo o miserável há de pagar pelo mal que praticou contra minha filha!

– E se nossos mentores socorrerem Rita, dando-lhe condições para sair dos tormentos em que vive? Você estaria disposto a fazer essa troca? Rita será socorrida e você deixará de perturbar Clóvis.

Júlio parecia sensibilizado. A proposta era oportuna. Tudo o que ele desejava era aliviar os tormentos da filha amada, tarefa para a qual se sentia totalmente incapaz.

Nesse instante, Cícero manifestou-se por intermédio de outro médium:

– Miseráveis! Como se atrevem a interferir! Vocês podem seduzir Júlio, um pobre pai desarvorado, mas não me dobrarão! Vou acabar com este Centro, vou atormentar a vida de todos!

– Calma, meu amigo, calma – ponderou Luciano, tranquilo. – Estamos conscientes da paternidade divina e da proteção de nossos mentores. Não tememos suas investidas, e você deve saber que há um poder que se sobrepõe ao seu, porquanto vezes inúmeras tem sido atraído à nossa reunião, contrariando a própria vontade.

– Malditos! Malditos! – vociferava Cícero, que pouco depois se afastou levando Júlio e prometendo represália. Artúrio manifestou-se em seguida.

– Não tenham medo. São normais essas reações de Espíritos perturbadores quando se sentem ameaçados. Confiem na proteção divina. Com as bênçãos de Jesus, vamos iniciar uma ação decisiva em favor de Clóvis e precisaremos da ajuda de todos.

●●●●●

Clóvis continuou a rotina de serviços no hospital, no atendimento da criançada na creche, nas reuniões doutrinárias, no Curso de Espiritismo e Mediunidade.

Continuava experimentando crises de depressão. Havia momentos em que se intensificavam, áreas escuras no dia a dia, negrumes em meio ao céu azul, mas sentia que havia sempre menos sombras e mais luz, à medida que estudava a Doutrina Espírita, empenhando-se em seu aspecto prático, de vivência do Evangelho e de esforço no campo do Bem.

Em determinadas situações, o problema parecia recrudescer, coincidindo sempre com as iniciativas dos mentores espirituais em ações para solução do problema. Principalmente Cícero, sentindo-se ameaçado, apertava o cerco.

Apesar da proteção de que se fazia agora merecedor e da mudança de atitude, Clóvis não podia furtar-se ao fato de que havia débitos do passado e uma relação de ódio que o imantava a Júlio e Cícero, tanto quanto o amor que o ligava à esposa, a companheira muito amada.

Juliana era a sua bênção, seu porto seguro, mas também, de certa forma, seu tormento, porquanto não se perdoava pelo fato de ter se envolvido infantilmente com Zenaide. Cada vez que cruzava com a enfermeira nos corredores do hospital cobrava-se pela própria defecção, culpando-se por sua fraqueza, sua falta de consideração com a esposa.

A consciência culpada abria brechas para a ação magnética de Cícero, que nunca deixava de aproveitar os momentos de fraqueza da sua vítima.

Capítulo 27

Não obstante o ódio que o movia, que parecia o combustível inesgotável que lhe dava ânimo para vingar sua filha do mal que Clóvis lhe fizera, Júlio tinha momentos de desespero, ao contemplá-la atormentada no mundo espiritual, incapaz sequer de reconhecer sua presença.

Embora estimulado por Cícero, que exercia sobre ele maléfica influência, cogitava se o caminho da vingança era o mais acertado para socorrer a filha muito amada.

O companheiro lhe garantia que com a morte de Clóvis, via suicídio, haveria melhor possibilidade de ajudá-la, mas ele começava a duvidar.

Não era um homem mau. Enquanto encarnado, cuidava da família, tinha na esposa e na filha as razões de sua existência. No entanto, via-se agora irremediavelmente só. Onde estaria Francisca, a esposa querida?

Quando ela faleceu, pouco depois do suicídio de Rita, contava recebê-la. Ela certamente haveria de colaborar com ele no empenho de vingança, mas, perplexo, vira Francisca desaparecer de suas vistas, sem que conseguisse retê-la.

Cícero lhe dissera que os *malditos* a haviam arrebatado e que não poderiam contar com ela, cumprindo-lhes seguir adiante. Mais tarde, após a vingança, haveriam de reencontrar-se.

Júlio questionava agora se o caminho da vingança teria sido o mais acertado, se valia a pena deixar-se consumir pelo ódio, que em nada estava ajudando a filha...

Foi num desses momentos de inquietação e reflexão que, contrariando todas as orientações de Cícero, dispôs-se à oração, num lamento que partia do mais íntimo de seu ser.

– Piedade, meu Deus! Piedade por Rita e por mim! Ajuda-nos por misericórdia! Não suporto esta angústia que dilacera meu peito. Ampara minha filha, Senhor!

Era bem aquele *cair em si* da parábola do filho pródigo, aquele momento em que o Espírito, atormentado e aflito, sente que se afastou da casa paterna.

Cícero temia por esse despertar, para ele um momento de fraqueza apenas, e sempre procurava realimentar no infeliz pai o ódio que devia nutrir por Clóvis, e que bem atendia aos seus projetos de vingança.

Naquele momento, entretanto, ele não estava presente, e Júlio pode extravasar, sem impedimentos, sua angústia, seu pedido de socorro.

Pelo véu espesso das lágrimas percebeu uma luz que começou a tomar forma humana. Em breves momentos, viu diante de si um homem idoso, de expressão tranquila, que inspirava confiança.

Era Artúrio que vinha até ele, consciente de ser o momento propício para uma ação decisiva em favor das almas atormentadas que compunham aquele drama existencial.

Emocionado, diante da figura luminosa que tinha à sua frente, Júlio ajoelhou-se.

– Mensageiro divino, ajuda-me por piedade! Não aguento tanto sofrimento. Socorre minha infeliz menina! Já não sei o que fazer. Fui orientado que só a vingança poderá nos libertar, mas quanto maior o meu ódio, maior a dor que me dilacera o peito, maior a dificuldade para lidar com minha angústia.

Artúrio o contemplou, compadecido.

– Pobre irmão! Como pode o ódio, negação do amor, lei suprema de Deus, resolver nosso problema de infelicidade?

Júlio chorava, desolado.

– Assim fui orientado, mas começo a duvidar que o ódio e a vingança tenham o poder de resolver nossos problemas e restituir-nos a paz.

– Acompanho seus passos. Sei que você foi um homem religioso. Frequentava a igreja. Lembra-se do que Jesus ensinava sobre os males que nos façam?

Júlio fora um católico não praticante, eufemismo usado por quem se diz ligado a uma religião para justificar o fato de que não exercita nenhuma participação.

Guardava, porém, algum conhecimento do Evangelho, suficiente para responder.

– Ensinava que devemos perdoar.

– Lembra-se quantas vezes?

– Setenta vezes sete...

– Digamos quatrocentos e noventa vezes, ou perdão sempre... No entanto, meu filho, você não conseguiu perdoar uma única vez.

– Talvez eu não esteja agindo de forma acertada, mas nunca recebi nenhum apoio do Céu. Nas vezes em que orei, implorando ajuda para minha filha, não obtive resposta. Quem respondeu foram aqueles que hoje me ajudam a exercitar a vingança.

– Nunca cogitou em saber por que suas orações não eram atendidas? Não conhece a recomendação de Jesus: antes de orar devemos nos reconciliar com nossos adversários? Como poderia você pedir ajuda a Deus, nosso pai, odiando um filho dele? Você gostaria de ouvir alguém dizer que precisa de sua ajuda, mas que não leve em consideração o fato de que detesta seu filho? Por isso suas orações não tinham eco no Céu. Simplesmente não chegavam lá, contidas pelo ódio.

Júlio concordou, desolado.

– E agora, que devo fazer para ajudar minha filha?

– Em primeiro lugar, meu caro, interrompa essa nefasta perseguição espiritual. Pare com esse ódio que o está mergulhando num poço sem fundo de amarguras.

– O senhor sabe que o problema maior é Cícero, sou apenas um instrumento dele para engrossar o caldo dos tormentos impostos ao nosso inimigo...

– Ao nosso irmão.

Júlio vacilou, mas confirmou:

– ... ao nosso irmão. Não será fácil demovê-lo.

– Não se preocupe. Cuidaremos disso depois. Agora o importante é socorrer Rita.

Júlio emocionou-se às lágrimas.

– O senhor dispõe-se a ajudá-la? De verdade?

– De verdade! Somos todos filhos de Deus. Você acabará compreendendo que o caminho de nossas mais caras realizações está no empenho de servir aos nossos irmãos. Não há felicidade possível sem o empenho de nos ajudarmos uns aos outros.

– Começo a pensar que estou na contramão nessa estrada.

– Muitos estão, mas a misericórdia divina não nos faltará jamais. Vamos cuidar de Rita.

– Creio que o senhor sabe que ela está numa situação muito difícil, dementada.

– Sei sim. O suicídio provoca violentos desajustes no corpo espiritual, que pedem o concurso do tempo para que sejam superados. Uma medida salutar nesse propósito será o processo reencarnatório.

– Reencarnar? Voltar a viver entre os homens?

– Exatamente. A carne funciona como uma espécie de válvula de escoamento das impurezas espirituais. Precisamos providenciar uma reencarnação emergencial para Rita.

– Se a reencarnação vai funcionar como veículo de depuração, isto significa que Rita terá deficiências físicas ou mentais?

– Buscaremos minimizar isso, mas alguma limitação será inevitável. Lesionado o perispírito, fatalmente o corpo se ressentirá.

– E quem se disporá a receber um Espírito nessa condição?

– Alguém que contribuiu para sua desdita.

Júlio arregalou os olhos.

– Clóvis!?

– Exatamente. Será a pessoa mais indicada. Ele também precisa de oportunidade para refazer-se. Pacificará a consciência ajudando Rita a pacificar-se.

Júlio olhava pasmo para Artúrio. Jamais poderia imaginar que era justamente o seu inimigo, que ele odiara com todas as forças de sua alma, a pessoa indicada para amparar sua filha muito amada.

Estranhos os caminhos de Deus! – pensou – O inimigo poderá ser o benfeitor.

– Como conseguiremos isso?

– Em primeiro lugar, interrompa a cadeia do ódio. Você será amparado numa de nossas instituições, o mesmo acontecendo com Rita, que ficará sob nossos cuidados, até que ultimemos as providências necessárias ao retorno à carne.

– Posso conversar com Cícero a respeito? Talvez ele também disponha-se a modificar suas intenções.

– Não é prudente. Nem você está suficientemente preparado para enfrentá-lo, nem ele está em condições de mudar. Seu dia chegará, porém não agora. Ninguém, nem o mais poderoso Espírito devotado ao mal, impedirá que germinem as sementes do Bem depositadas por Deus em nosso coração. Ainda que decorram milênios, todos os filhos transviados retornarão à casa paterna.

Amparado por Artúrio, Júlio foi conduzido a uma instituição assistencial do plano espiritual.

Rita foi recolhida por uma expedição de socorro nas furnas umbralinas e internada na enfermaria de um hospital especializado em atender pacientes com transtornos mentais.

Capítulo 28

Cícero logo percebeu que tinha perdido Júlio para os *malditos*.

Mais irritado ficou ao verificar que Rita também havia sido resgatada.

Odiento, propôs-se a intensificar sua pressão sobre Clóvis. Reconhecia, todavia, que estava ficando cada vez mais difícil envolvê-lo, à medida que o desafeto integrava-se nas fileiras do Espiritismo.

Em desesperada tentativa, pensou nos filhos de Clóvis. Logo percebeu, porém, que pouco poderia fazer, porquanto Felipe e Joana, embora avessos ao Espiritismo, eram jovens bem ajustados, sob amparo de Juliana e Ester. Esta fora uma avó muito dedicada, que os iniciara desde cedo no conhecimento do Evangelho, o que lhes permitira enfrentar sem grandes perturbações as perplexidades da adolescência, que costumam abrir brechas às influências espirituais.

Juliana, nem pensar. Era a pessoa mais sensata do grupo familiar, agora ligada aos princípios espíritas, a cultivar as boas ações, a prece, num comportamento irrepreensível. Seria quase impossível envolvê-la em suas maquinações.

Restava mesmo Clóvis, de quem se aproximava principalmente nas horas de sono, buscando influenciá-lo, favorecido pela imantação que havia entre ambos, fruto dos eventos remotos.

Esta a razão pela qual Clóvis acordava, não raro, mais deprimido do que de costume, sem ânimo para levantar-se, desejando que o mundo se abrisse debaixo de seus pés.

Louvável, porém, sua força de vontade, contrariando as próprias disposições íntimas nascidas da influência de Cícero e de seu complexo de culpa relacionado com Rita.

Durante boa parte do dia Clóvis digladiava-se com a depressão, convicto de que era preciso avançar no trabalho, na dedicação à profissão, no esforço pelo aprendizado espírita, e o fazia com tal dedicação que conseguia chegar ao anoitecer de alma mais leve e tranquila.

E nessa gangorra de sentimentos e sensações, ora no alto, ora no baixo, prosseguia, empenhando-se em favor de sua própria renovação, esforço altamente meritório da parte de alguém que resistia à impertinente ideia de que seria melhor *desaparecer*.

Capítulo 29

Na instituição onde estagiava, Júlio foi avisado de que alguém desejava vê-lo.

Num amplo jardim, com imensa surpresa viu que era a amada esposa que o procurava.

Francisca estava mais bela do que nunca, remoçada, sorridente, a abrir os braços para acolhê-lo.

– Francisca! Francisca!

Abraçou a chorar a esposa muito amada!

– Que saudade, minha querida! Como eu ansiava por esse reencontro! Por que demorou tanto?

Francisca sorriu, carinhosa:

– Nunca estive ausente, meu bem. Vezes inúmeras o procurei, porém você não conseguia ver-me, visão bloqueada pelo ódio.

– Começo a perceber que Deus castiga os odientos separando-os dos entes queridos.

– Não, meu amor, Deus é o nosso pai. Jamais nos castiga. Nós é que nos castigamos quando odiamos. O ódio nos coloca num padrão vibratório negativo, que turva a visão espiritual e nos impede de encontrar nossos amados na pátria espiritual.

– Então, você esteve sempre comigo?

– Muitas vezes! Lembra-se da sensação que experimentava, de gotas d'água que pareciam cair sobre sua face? Eram minhas lágrimas! Lágrimas ardentes em prece, rogando ao Senhor abrandasse seu coração para que nos reencontrássemos!

Júlio bem recordava aqueles momentos, os poucos em que sentia algum conforto em meio às tormentas em que vivia.

– Louco que fui! Quanto tempo perdido numa insana perseguição! E com o ódio não consegui melhorar em nada a condição de Rita.

– Deixemos o passado, Júlio. Que ele seja para nós apenas a lição de que determinados caminhos não nos servem. Cuidemos do futuro, amparando nossa filha.

– E você tem notícias de Rita? Perdi o contato com ela depois que foi recolhida por nossos benfeitores.

– Está melhorando. Dentro em breve poderemos vê-la. Por enquanto vamos orar, pedindo ao Senhor a abençoe e nos inspire quanto à melhor forma de ajudá-la.

– Informaram-me que ela deverá reencarnar em breve.

– Sim, a experiência carnal será uma medida de emergência, ajudando-a a superar os desajustes provocados pelo suicídio.

– Você sabe, minha querida, que ela será filha de Clóvis?

– Sim.

– Justamente o responsável por sua desdita? Não seria melhor que reencarnasse em nosso meio familiar?

– Não temos em nossa família ninguém em condições de recebê-la, mesmo porque será uma experiência difícil. Enfrentará problemas físicos e mentais. Ninguém melhor para cuidar de nossa amada filha do que aquele que contribuiu para sua desdita. Fará bem a ele também, ajudando-o a superar os reclamos da própria consciência, que lhe impõem quase permanente estado depressivo.

– Incrível! Jamais poderia imaginar semelhante solução!

– É no lar, meu querido, que consolidamos afeições e superamos aversões. A sabedoria divina une afetos e desafetos pelos laços da consanguinidade, a fim de operar a divina transformação – o ódio em amor. Abençoados os que já entendem isso e buscam a harmonia doméstica com os valores da dedicação, da renúncia e do sacrifício.

– E quanto a nós? Ficaremos juntos agora?

– Por enquanto não. Ainda há pendências que devemos resolver. Meu mentor informou que nos fará bem permanecermos separados por algum tempo. Será breve, se ambos cumprirmos os desígnios divinos, fazendo o melhor.

Júlio sensibilizou-se com a humildade da esposa. Na verdade o problema era com ele. Ele é que deveria desfazer aquelas cadeias de ódio em que se envolvera para que pudessem estar juntos e ajudar de forma adequada a filha muito amada.

Por algumas horas revigoraram-se na permuta abençoada de vibrações amorosas de almas ligadas por milenar afeição.

Capítulo 30

Luciano ligou para Clóvis no consultório.

– Bom dia, meu amigo!

– Bom dia, Luciano! É bom receber suas vibrações logo cedo.

– Espero não escureçam o ambiente.

– Quem escurece sou eu com meus demônios.

– Não está bem?

– Esse é um artigo de luxo, meu caro, em minhas manhãs. A depressão é sempre feroz nesse período.

– Mas já não ruge tanto, espero.

– Tem razão. Estou lidando bem com ela, consciente de que o melhor remédio é cumprir com dedicação meu trabalho, superando a tendência atual de comercialização da medicina, para que seja digno da assistência espiritual. E tem dado bons resultados. Depois que passei a preocupar-me menos com os honorários e mais com o bem-estar dos pacientes, sinto que sou mais eficiente nos diagnósticos e no receituário.

– Perfeito, Clóvis. Deus o abençoe. Você está no bom caminho. Devo dizer-lhe, entretanto, que não pretendo marcar consulta. O objetivo desta ligação é convidá-lo a participar hoje à tarde de nosso grupo mediúnico, no horário das dezessete horas. É importante que compareça.

– É uma honra para mim, Luciano, mas você acha que estou preparado?

– Para uma participação ativa, ainda não. Não demorará muito. O grupo de estudos em que você está integrado, com meu monitoramento, em breve iniciará trabalhos de intercâmbio. Você e Juliana serão muito úteis. Por enquanto teremos sua presença nesta reunião mediúnica apenas uma vez, por convocação de nosso mentor Artúrio. Ele deseja conversar com você.

– Comigo?! – admirou-se Clóvis.

– Sim, meu amigo, com você.

– Algum problema?

– Ele não adiantou o assunto. Ficaremos sabendo em breve. Será possível comparecer?

Clóvis teria que transferir algumas consultas da tarde, mas não vacilou. Algo lhe dizia que aquela reunião seria importante.

– Posso levar Juliana?

– A convocação foi para você apenas.

– Tudo bem, Luciano, estarei lá.

•••••

Às dezessete horas, pontualmente, Clóvis compareceu ao Centro.

Reunião com grupo pequeno, apenas oito pessoas bem treinadas, habituadas ao trato com a espiritualidade.

O livro *Nos domínios da Mediunidade,* do Espírito André Luiz, psicografia de Chico Xavier, estava sendo estudado.

Todos participaram emitindo comentários. Depois, houve um trabalho de vibrações e a leitura de uma mensagem de Emmanuel, no livro *Fonte Viva*, psicografia de Chico Xavier.

Iniciada a prática mediúnica, manifestou-se o mentor Artúrio, que se dirigiu ao visitante:

– Meu caro irmão Clóvis, para você é a primeira vez que conversamos, mas, na verdade, somos velhos conhecidos. Há muito venho acompanhando seu trabalho e observando suas dificuldades em relação aos estados depressivos. Como Luciano já lhe adiantou, muito de seus problemas está relacionado com um lance infeliz em sua mocidade, que culminou com o suicídio da jovem Rita. Embora não possamos mudar o passado, vamos tentar mudar o futuro, com sua colaboração.

Clóvis reconhecia que, sendo responsável pela desdita de Rita, nada mais justo do que colaborar em benefício de sua recuperação.

– Apesar de meu despreparo para questões espirituais, estou às suas ordens. Sei que é minha obrigação. Há algo que eu possa fazer?

– Há, sim, algo muito importante. Rita deverá retornar, reencarnação de emergência que lhe imporá limitações físicas e mentais, porém necessária para que ela possa recuperar-se. Precisamos de um casal que se disponha a recebê-la como filha.

Clóvis levou um susto. Não esperava que fosse chamado a um compromisso tão sério. Tinha, entretanto, suficiente conhecimento da Doutrina para saber que os mentores espirituais sabiam o que estavam fazendo e se esse era o caminho para livrar-se do sentimento de culpa que o perturbava, estava disposto a trilhá-lo.

– Se o amigo julga que tenho condições para assumir esse compromisso, aceitarei de coração. Todavia, há dois problemas a serem considerados. O primeiro é quanto ao envolvimento de minha esposa, submetida a um sacrifício que não tem nada a ver com ela. O segundo é que ela já está com quarenta e cinco anos. Não temos nem mesmo usado contraceptivos, porquanto entendo que ela entrou em período de esterilidade.

– Essas duas dúvidas foram consideradas, Clóvis. Não faremos nada à revelia. Sua esposa será consultada sim, mas consideramos mais interessante conversar com ela na espiritualidade, durante as horas de sono. Assim estará preservado o segredo em relação ao passado. Quanto menos se falar sobre o que aconteceu, melhor para Rita e para você. Caso Juliana recuse, pensaremos em outra solução. Se aceitar, cuidaremos de ajudá-la a engravidar. Há recursos para isso. Contaremos com a discrição deste grupo, para que tudo se processe de forma tranquila, sem maiores repercussões.

Luciano adiantou-se;

– Creio que não precisamos nos preocupar. Estamos todos perfeitamente conscientes de nossas responsabilidades. O assunto ficará entre nós.

Artúrio concordou.

– Quanto a isso não tenho nenhuma dúvida. Conversaremos com Juliana durante a noite. Como haverá reunião doutrinária nesta casa, peço-lhe, Clóvis, que não deixe de comparecer, trazendo a esposa. Quanto a você, Luciano, em sua palestra reserve um espaço para falar sobre a maternidade, envolvendo o nascimento de deficientes físicos e mentais.

Encerrada a reunião, Clóvis conversou com Luciano.

– Ainda sinto-me perplexo com o que ouvi hoje, Luciano. Estou plenamente disposto a receber Rita como filha, mas jamais poderia imaginar que nascimentos dessa natureza ocorressem mediante planejamento espiritual, nem que os pais fossem consultados a respeito do assunto.

– Se você pensar, bem, Clóvis, perceberá que não há nada de estranho. Surpreendente seria o plano espiritual programar tais experiências sem o conhecimento dos futuros pais. Sua aquiescência é fundamental para que o reencarnante não seja rejeitado. Sempre que possível essa consulta é feita na espiritualidade, durante as horas de sono, e os casais são convenientemente preparados para esse tipo de paternidade.

– Incrível como o Espiritismo desdobra nossos conhecimentos a respeito do assunto. Tudo passa a ter sentido.

– Realmente, meu caro, o Espiritismo é bênção de Deus em nossas vidas. Lamentável que muitos espíritas ainda não perceberam isso, nem correspondem às expectativas da Espiritualidade, quando nos facult a o acesso a esses princípios sagrados.

Capítulo 31

Cícero estava furioso. Escapava-lhe o controle da situação.

Há alguns meses estivera na iminência de consumar o desejado suicídio de Clóvis, aumentando gradativamente a depressão que o constrangia, mas desde o momento em que ele se ligara ao Espiritismo já não conseguia ter o mesmo domínio.

Clóvis aprendera a orar, dera-se a uma dedicação extremada à Medicina, desenvolvera a disposição para o serviço no campo do Bem, frequentava cursos de Espiritismo... Estava ficando difícil.

Pior, seu grande aliado, Júlio, desaparecera, bem como a filha Rita.

Já não tinha pleno acesso ao universo interior de Clóvis. Eram raros os momentos em que conseguia incutir ideias negativas em sua mente, embora a depressão ainda o incomodasse.

Ficou sabendo, por um de seus asseclas, que seu desafeto fora chamado a uma reunião mediúnica. Certamente os odiados mentores espirituais estavam tramando algo. Soube também que Clóvis compareceria, em companhia de Juliana, a uma reunião pública que não costumava frequentar. Algo estava em curso. Melhor impedi-los.

Logo pela manhã, quando Clóvis seguia para o hospital, Cícero aproveitou-se de um motorista embriagado e conseguiu provocar um acidente, envolvendo seu automóvel.

Esperava provocar-lhe ferimentos ou induzi-lo a uma reação descontrolada que o levasse a brigar com o responsável, gerando consequências funestas.

Surpreendeu-se, porquanto Clóvis não se feriu e comportou-se com serenidade. Mais que isso, dispôs-se a socorrer o motorista imprudente que se ferira ligeiramente. Chamado o guincho, tomou um táxi e foi para o trabalho, sem maiores consequências.

Comparsas seus tentaram algo com Juliana. Inspiraram o diretor da escola onde ela trabalhava a marcar uma reunião de última hora, justamente no horário em que deveria comparecer com Clóvis no Centro. Juliana avisou que já tinha compromisso. O diretor foi enfático, informando que a reunião era importante e que não poderia aceitar a negativa.

Juliana telefonou para Clóvis.

– Meu bem, infelizmente não poderei comparecer. O diretor da escola marcou uma reunião e diz que é importante. Ninguém deve faltar.

Clóvis sobressaltou-se, associando o acidente àquela inesperada convocação. Certamente havia a influência de Espíritos buscando impedir que ambos fossem ao Centro.

E havia um problema: como insistir com a esposa, se não podia contar-lhe o porquê de sua presença?

– Se não é possível, tudo bem, irei sozinho.

– Está bem, querido. Beijo.

– Beijo.

•••••

À noite, preparando-se para ir ao Centro, Clóvis surpreendeu-se com Juliana.

– Também vou.

– Que bom! Fico feliz! Como conseguiu a dispensa?

– Na verdade a reunião foi suspensa. Conversei com duas colegas que também acharam absurda a convocação, fora de propósito. Fomos falar com o diretor e ele acabou cancelando.

No Centro, iniciada a reunião, Luciano fez os comentários iniciais.

– Meus amigos, há algum tempo, vi na televisão uma senhora dirigir-se a um sacerdote, com uma pergunta inusitada: por que seu filho nascera com a síndrome de Down?

O sacerdote falou com sabedoria sobre o carinho e a interação que há entre a mãe e uma criança com graves limitações físicas ou mentais. Crianças especiais, explicou, fazem mães especiais, que se doam, que se dedicam ainda mais aos rebentos, carentes de seu afeto, de seus cuidados. Finalizando, acentuou com honestidade: Quanto à sua dúvida, minha irmã, sinto muito, mas não tenho resposta. A Deus pertence.

Luciano fez ligeira pausa, pousando o olhar sereno em Juliana, como se estivesse dirigindo-se exclusivamente a ela. E continuou:

– Realmente, se não admitirmos a reencarnação, a anterioridade da vida humana; se não admitirmos que nossas limitações físicas e mentais são frutos de desvios em passadas existências, fica muito difícil encontrar uma explicação consoladora. Por que o nosso filho, não o filho do vizinho?

Geralmente os pais de crianças especiais são velhos associados seus que têm um comprometimento com elas, de vidas passadas. Estão juntos para um reajuste perante as leis divinas.

Também acontece, não raro, que um casal assuma tais compromissos por amor àqueles que reencarnam como seus filhos, dispostos a ajudá-los no reerguimento moral, nessas existências aflitivas que funcionam como elementos de depuração para quem se compromete em desvios de comportamento.

É o caso de perguntar: a mãe de um criminoso, de um delinquente, de um drogado que venha a desencarnar em virtude de seus comprometimentos, não estará disposta a acolhê-lo em futura existência, amparando-o nas limitações e males que têm por objetivo ajudá-lo a se recompor? Qual mãe se recusaria a esse compromisso, que jamais seria considerado sacrifício para ela, disposta a empenhar a própria vida para guiá-lo por caminhos de renovação?

E há aquelas, meus amigos, que fazem melhor. Dispõem-se a receber esses Espíritos, mesmo não tendo uma vinculação de pretéritas existências, colocando-se à disposição dos poderes espirituais que nos governam. Acolhem-nos no próprio ventre, assumindo a tarefa de velar por eles. Abençoadas mães, que ganham muito em espiritualidade, dispostas a colaborar com Deus no cuidado de Seus filhos desarvorados.

Juliana ouvia admirada aquela conceituação de que jamais cogitara. Era tudo novidade para ela, mas coerente, clara, objetiva, dando-lhe explicações que aquele sacerdote jamais poderia oferecer à conturbada mãe que lhe fizera a pergunta, porquanto desconhecia a benção da reencarnação.

Após a reunião, conversando com Luciano, Juliana brincou:

– Comentei com Clóvis que após suas explicações até fiquei com vontade de ser mãe novamente, para receber em meus braços um filho em processo de regeneração.

Luciano sorriu.

– Os desígnios de Deus são insondáveis, minha querida. Ninguém pode prever o futuro.

– Nesse particular, até posso, porquanto na minha idade a *fábrica* está fechada.

Luciano encarou Clóvis, sorrindo, enquanto respondia.

– A Deus nada é impossível.

Capítulo 32

Naquela noite, afastados do corpo durante as horas de sono, Juliana e Clóvis, sob proteção de benfeitores espirituais, foram submetidos a passes magnéticos para que tivessem a lucidez necessária na experiência que lhes seria proporcionada.

Viram-se então diante de um Espírito simpático e sorridente, nimbado de luminosidade:

– Meu nome é Artúrio. Gostaria que ambos me acompanhassem numa visita.

Agradavelmente surpreendidos, sentiram-se volitar, apoiados em benfeitores espirituais.

Aproximaram-se de um edifício enorme, ladeado por imenso jardim de flores belas e perfumadas.

Entraram. Andaram por extensos corredores, que lhes pareceram alas de um hospital, dando acesso a muitos quartos.

Num deles entraram.

No leito, uma jovem dormia, Não estava bem, porquanto se agitava no leito, parecendo ter um sono cheio de pesadelos, com gemidos que de quando em vez escapavam-lhe do peito oprimido.

Clóvis mal pôde conter o espanto.

Era Rita!

Juliana não a conhecia, mas sentiu compaixão ante sua expressão atormentada.

– Esta é Rita, anunciou Artúrio, uma jovem que se matou por amor, expressão que se costuma usar para definir os que fogem da Vida, atormentados pela paixão. Seu caso é grave. Precisa urgentemente voltar às lides humanas. A carne será o elemento regenerador, que lhe assimilará os desajustes. É o que chamamos de reencarnação emergencial. Estamos à procura de um casal que queira recebê-la como filha. Pensamos em vocês, um sacrifício inspirado na misericórdia.

– Há alguma razão especial para sermos nós? – perguntou Juliana, impressionada.

– Sem dúvida. Vocês são pessoas de bons sentimentos, que estão buscando pautar suas vidas em princípios evangélicos, no exercício do amor ao próximo. Haverá maior demonstração de amor, do que receber uma alma penada como filho? Jesus dizia que é a ele próprio que recebemos quando cuidamos dos pequeninos. E esta irmã precisa muito de ambos.

Alma generosa, Juliana não pensou duas vezes.

– Por mim, ficarei feliz em colaborar. Não será nenhum sacrifício. Temos recebido muitas bênçãos de Deus. É justo que retribuamos de alguma forma, acolhendo essa irmã em nosso lar.

E voltando-se para Clóvis:

– O que acha, meu bem?

Clóvis procurou conter a emoção. Juliana generosamente estava transferindo-lhe a decisão, sem saber o mais importante: o que era para ele um compromisso intransferível seria para ela um exercício de misericórdia.

Nunca a amou tanto quanto naquele momento.

Abraçou-a, carinhoso.

– Não há como recusar essa convocação. Se você aceitar, tudo bem.

Artúrio sorriu, satisfeito. Rita teria os pais de que necessitava para o reajuste.

•••••

Ao acordar, Juliana comentou com Clóvis.

– Meu bem, tive um sonho estranho. Um ancião de expressão simpática mostrou-me uma jovem doente, perguntando-me se eu estava disposta a cuidar dela, recebendo-a como filha.

– E você?

– Fiquei muito emocionada. Ainda agora não consigo evitar as lágrimas. Foi tudo tão claro, tão real.

Clóvis sorriu, aliviado. Estava tudo correndo conforme as previsões de Artúrio.

– Então vamos ser pais novamente. É ótimo!

Juliana enxugou as lágrimas.

– Só há um pequeno detalhe, que o ancião não considerou. A *fábrica* está com o tempo vencido.

– Realmente – sorriu Clóvis –, é um fator importante, embora não possamos descartar a ideia de que para Deus tudo é possível.

– Então, você quer?

– Será bem-vinda, querida. E terá uma mãe muito especial para cuidar dela. Você é um anjo que Deus colocou em nosso caminho.

Juliana sorriu feliz, abraçando o marido.

•••••

Passadas algumas semanas, Juliana comentou com Clóvis.

– A menstruação está atrasada.

– Será que...

– Nossa filha está chegando, tenho certeza.

Dias depois, o exame revelava que aos quarenta e cinco anos Juliana estava grávida novamente.

Capítulo 33

Cícero só pôde acompanhar de longe a gravidez de Juliana. Não tinha acesso ao seu lar, protegido pelos mentores espirituais que procuravam preservar a gestação difícil, evitando que influências deletérias pudessem perturbar o processo reencarnatório.

Com acesso à intimidade de Clóvis, em face da ligação que havia entre ambos, descobriu que era Rita de retorno.

Os amaldiçoados agentes da luz estavam agindo para proporcionar a Clóvis a oportunidade do refazimento!

Cícero exasperava-se.

O avanço de iniciativas que ajustavam o psiquismo de Clóvis o deixavam com oportunidades cada vez mais escassas de fustigá-lo.

Restava-lhe a chance de conturbá-lo mais acentuadamente quando fossem feitos os primeiros exames do feto, no processo gestatório. Rita estaria em experiência reencarnatória emergencial, e certamente teria problemas.

Quando o casal tivesse conhecimento, fatalmente ficaria abalado em natural rejeição. Seria o momento oportuno para intensificar o domínio sobre Clóvis.

Não sabia que seu desafeto já estava consciente de que isso aconteceria e fora preparado por Luciano no sentido de manter ânimo forte e receber com carinho Rita, que retornava à carne para ajustar-se e proporcionar-lhe a oportunidade de redimir-se.

•••••

No quarto mês de gestação, Juliana submeteu-se à ultrassonografia.

Doutor Silveira, o especialista que efetuava o exame, logo constatou nas imagens do vídeo que havia problemas com o feto. Clóvis, que acompanhava de perto, também percebeu.

Pouco depois, conversavam.

Silveira, reticente, falou ao casal:

– Vocês serão pais de uma menina, mas há um probleminha. Está bem caracterizado que ela é portadora da síndrome de Down.

Um turbilhão de emoções e pensamentos tomou Clóvis. Por um lado, uma vez mais via a realidade das propostas espíritas. Ele fora avisado e ali tinha agora Rita de retorno, com graves problemas que ele próprio contribuíra para existirem, mas ainda assim sofria o impacto e temia pelo futuro.

A depressão, sua companheira constante, ultimamente amenizada, voltava com toda a carga. Não deveria, posto que tinha plena consciência do que estava acontecendo, mas era apenas um homem cheio de limitações e sob a pressão de um cruel inimigo desencarnado.

Ainda assim controlou-se e olhou para Juliana.

Ela empalidecera, ante o impacto da notícia, mas logo recuperou a calma, não só porque inconscientemente sentia que assim aconteceria, tendo em vista que fora consultada, mas também porque era mais espiritualizada do que o marido.

Fora adepta fervorosa da igreja evangélica e tinha agora a fé fortalecida pela racionalidade espírita. Aquele Espírito que retornava à carne em tão precária situação vinha em processo de regeneração, e tanto ela quanto Clóvis certamente tinham uma ligação com ele.

Com a generosidade das almas nobres, passou a amar ainda mais aquele pequeno ser carente, que crescia em seu ventre.

– Meu caro Clóvis – argumentou Silveira –, nem seria preciso dizer isso, mas como você sabe, em situações dessa natureza, há colegas que se propõem a resolver o problema interrompendo a gravidez. No meu ponto de vista, não seria fugir à ética, liberando o casal desse encargo tão pesado.

Era o momento propício para Cícero, o persistente acompanhante de Clóvis, a insuflar em sua mente a ideia do aborto. Embora seu desafeto tivesse sido preparado, com a consciência do retorno de Rita, entre a intenção e a realização, entre o compromisso e o cumprimento havia a velha fragilidade humana.

Abortar, abortar! – Sugeria pelos condutos do pensamento, envolvendo Clóvis.

Entretanto, se conhecia o fazendeiro maldoso do passado, que não vacilava em roubar e matar, ele certamente ainda não identificara o médico esclarecido pela Doutrina Espírita, dotado de senso de responsabilidade.

Para desespero de Cícero, ele permanecia tranquilo, recebendo muito bem a revelação do colega.

Irritado, Cícero voltou-se para Juliana, que empalidecera ao ouvir a notícia. Talvez ela...

Não chegou nem a tentar. Juliana nem por um instante considerou a terrível possibilidade.

– Doutor Silveira – falou em tom repreensivo –, muito me admira que o senhor, um médico respeitável, nos faça uma proposta dessas, ilegal e imoral... Jamais cogitarei de cometer esse crime.

O médico sentiu a firmeza da paciente e tentou contemporizar:

– Não tive a intenção de ofendê-la Juliana. Apenas julgo meu dever sugerir tal solução para casos dessa natureza, liberando o casal de complicações futuras.

Juliana estava indignada.

– O senhor fala como quem não acredita em Deus. Sempre há razões para situações dessa natureza. Deus sabe o que faz!

Clóvis completou:

– Desculpe, Silveira, entendo sua boa intenção, mas tanto Juliana quanto eu somos hoje espíritas e no nosso entendimento há razões para um casal receber filhos com problemas.

– Eu sou quem pede desculpas, principalmente a você, Juliana. Não pretendia ferir seus princípios.

Ambiente apaziguado, o casal despediu-se e partiu, enquanto Cícero ficava remoendo sua raiva.

A tentativa falhara. Perdera Júlio e Rita e agora estava perdendo o controle sobre Clóvis,

Graças ao maldito Espiritismo, tudo o que conseguia, criando embaraços ao desafeto, parecia fortalecê-lo mais.

•••••

Uma palavrinha, leitor amigo.

A leitura superficial deste texto poderá levar alguém a imaginar uma relação matemática de causa e efeito entre o mal que o Espírito semeou no passado e o mal que colhe no presente.

O suicídio, por exemplo, resultaria na síndrome de Down.

É um equívoco pensar assim. Esse mal pode ter várias origens, envolvendo os desvios do Espírito no passado, não necessariamente o suicídio.

Por outro lado, as limitações físicas e mentais podem estar associadas às escolhas do Espírito reencarnante. Serão experiências valiosas na jornada evolutiva, para ele e para afetos caros ao seu coração que concordem em acolhê-lo, estreitando laços de afetividade.

Há deficientes físicos e mentais que se transformam em foco das atenções e do carinho da família, favorecendo o crescimento espiritual do grupo.

Capítulo 34

Após o atendimento semanal às crianças da creche, Clóvis aproveitou a presença de Luciano, de passagem por ali, para comunicar-lhe o resultado do exame.

– Fico feliz em saber que está tudo correndo conforme o planejado. E Juliana?

– É uma mulher admirável. Discutiu com o médico que lhe propôs o aborto e desde que soube do problema parece amar ainda mais a filha que asila no ventre. Comenta comigo que não deve ser fácil para o Espírito que está chegando vir com tão grave limitação e que devemos, por isso mesmo, oferecer-lhe muito carinho, muito amor... Ela diz assim: Já pensou, meu querido, você estar muito doente, propor-se ir à casa de um familiar e sentir que não é bem-vindo, que não o querem, dispostos até a expulsá-lo!

– Muito bem colocado. Não raro, problemas de comportamento dos filhos revoltados contra seus pais têm origem nesse sentimento de rejeição da parte de um dos cônjuges ou ambos. Nossos mentores dizem que é uma tristeza para o reencarnante sentir-se um intruso.

Juliana é uma nobre alma. Certamente veio para ajudá-lo a superar seus desajustes.

– Não tenho dúvida nenhuma. Não sei o que seria de mim sem seu apoio, e fico pensando em sua situação. Eu estou perfeitamente consciente de meus compromissos, mas ela não tem nenhuma ligação com Rita.

– O compromisso de Juliana, meu caro, não é com possível carma. Seu compromisso é com o amor. Almas nobres cuidam de rebentos desajustados não para pagar dívidas, mas porque se dispõem a colaborar com Deus no ajuste de Seus filhos. E você, Clóvis, como está?

– Estou literalmente *matando um leão todos os dias*. Sinto-me fortalecido, confiante, disposto a enfrentar os problemas do dia a dia, mas a depressão, embora amenizada, não me deixa, companheira inseparável. Às vezes melhora, outras vezes piora. Noto que depende muito do que faço. Quando envolvido com a profissão, quando ajudando pessoas e participando das atividades do Centro, experimento abençoada descontração. E há momentos em que bate o sentimento de inutilidade de tudo o que faço, de falta de sentido para a vida, com aquela persistente ideia de que seria melhor desaparecer.

– É assim mesmo, Clóvis. Nossos desajustes não são corrigidos, nem nossos inimigos espirituais nos abandonam simplesmente por estarmos dispostos a ensaiar um comportamento cristão. O reajuste pede o concurso dos dias, dos meses, dos anos.

– Noutro tempo eu receberia muito mal suas palavras, mas hoje estou convicto de que tem razão. Vejo nossos comprometimentos do passado como alguém que se desvia do caminho e entra por tortuosa viela. Chega o momento em que terá de voltar sobre os próprios passos. Não basta iniciar o retorno. Há uma longa caminhada de retorno à via principal, ao equilíbrio.

Luciano sorriu, satisfeito.

– É isso mesmo. E vai apressar o passo quando seu grupo de estudos iniciar a prática mediúnica. Em contato com os sofredores do Além e nossos mentores, você se fortalecerá cada vez mais, habilitando-se a superar finalmente a depressão. Confie.

●●●●●

Luciano tinha razão. A participação em reuniões mediúnicas, após o preparo adequado, é um recurso maravilhoso em favor de nosso equilíbrio e bem-estar.

Nela temos:

O aspecto sagrado do Espiritismo, que distingue a Doutrina de outras religiões; a oportunidade de exercitar a caridade, atendendo sofredores de todos os matizes, encarnados e desencarnados; a possibilidade de afastar os chamados *encostos*, Espíritos que consciente ou inconscientemente nos procuram, nos perturbam; o ensejo de receber ajuda de nossos mentores espirituais em relação aos nossos problemas e necessidades.

A reunião mediúnica é, sobretudo, o espelho de nosso futuro. Cada Espírito sofredor que se manifesta, a colher no Além as consequências de sua inconsequência na vida física, é alguém a nos advertir:

– Cuidado! Eu posso ser você amanhã!

A partir do momento em que começou a participar das reuniões mediúnicas, Clóvis fortaleceu-se ainda mais, sobrepondo a vontade de viver e fazer o Bem à depressão que o instigava a desaparecer.

Capítulo 35

No quinto mês de gestação quase ocorreu a tragédia do aborto.

Joana, que ganhara carta de motorista, pretendeu sair por volta de meia noite, o horário das baladas...

Não era de seu feitio, mas deixou-se convencer pelas amigas, sob influência de Cícero.

Clóvis, pacientemente, tentou alertar a filha sobre o perigo de enfrentar a madrugada. Sempre haveria a tentação de consumir bebidas alcoólicas. Ela corria o risco de ser assaltada ou encontrar um comando, ser multada, perder a carteira, habilitar-se à prisão.

De nada adiantaram suas ponderações.

Em momento de vacilação, bem típico dos arroubos da mocidade, Joana se dizia consciente de suas responsabilidades, tinha boas notas na escola e sentia-se no direito de exercitar sua liberdade.

Para evitar um clima pesado no lar, Clóvis acabou concordando, o mesmo acontecendo com Juliana, restando-lhes orar para que nada de mau acontecesse à filha.

Juliana, que não conseguia conciliar o sono enquanto os filhos não estivessem em casa, começou a preocupar-se a partir das três da madrugada, horário fixado para o retorno de Joana.

A vigília estendeu-se: quatro, cinco, seis horas...

O dia raiava, sem nenhuma notícia da jovem.

Juliana, extremamente nervosa, começou a sentir dores no ventre. Clóvis a examinou. Risco iminente de aborto.

– Vamos já para o hospital.

– Não, não, Clóvis, não arredarei o pé enquanto Joana não der notícias...

Clóvis desesperava-se, preocupado com a filha que não chegava da rua e com a filha que poderia não chegar do Além.

Lembrou-se de acordar Felipe. Talvez pudesse ajudar.

Ele tinha o telefone de Lucinda, uma amiga de Joana. Ligou. Uma voz sonolenta atendeu.

– Alô...

– Lucinda?

– Sim, sou eu.

– É Felipe.

– Felipe! O que foi? Caiu da cama?

– Não, Lucinda. O problema é que Joana não chegou até agora. Ela não atende às ligações.

– Está tudo bem. Ela ficou com o pessoal numa lanchonete para tomar sopa. Logo virá.

Felipe tranquilizou os pais.

Mas o estrago estava feito, Juliana ameaçada de aborto.

O que ninguém sabia é que havia ali o *dedo* de Cícero.

Joana não saberia dizer por que tivera aquela atitude tão inconsequente, deixando de cumprir o compromisso de retornar mais cedo e desligando o celular.

Não habituada àquelas noitadas, desde o momento em que tomara a primeira dose de bebida abrira campo à influência de Cícero. O resto foi fácil para ele, levando-a a descumprir o trato feito com os pais.

•••••

No hospital, Juliana imediatamente começou a receber medicamentos colocados no soro injetado via endovenosa.

Leve sangramento perdurava, preocupante.

Clóvis ligou para Luciano.

– Desculpe acordá-lo tão cedo, meu amigo.

– Fique tranquilo. Estou acordado desde as cinco. O que houve?

– É Juliana. Estamos no hospital. Ela ficou muito preocupada com Joana, nossa filha, que saiu para a balada e não dava notícia. Está ameaçada de aborto.

– E Joana?

– Uma amiga informou que ela está tomando sopa numa lanchonete e logo voltará.

– Coisa dos moços. Se tivessem com os pais a décima parte da preocupação que os pais têm com eles, seriam santas criaturas. Estou indo para aí.

– Não é preciso, Luciano, liguei apenas para pedir suas vibrações. Sei que terá uma reunião mediúnica agora pela manhã.

– Sim, será às dez horas. Haverá tempo. Chego rapidinho.

Pouco depois, tocava o celular.

Era Joana, avisando que estava em casa.

– Tudo bem com a mamãe?

Clóvis bem que desejou dizer-lhe poucas e boas, verberando sua irresponsabilidade, mas achou mais prudente calar, passando o telefone para Juliana, que se acalmou finalmente ao saber que a filha estava bem.

Em breve chegava Luciano, que aplicou longo passe magnético em Juliana e Clóvis, procurando pacificá-los.

Os medicamentos e o passe fizeram muito bem a Juliana, que por prudência, passaria o dia no hospital em repouso absoluto.

Levando Luciano até a portaria, Clóvis perguntou:

– Você acha, Luciano, que esse incidente com Joana foi provocado por algum Espírito que deseja nos prejudicar? O meu obsessor, por exemplo?

– Não tenho dúvida nenhuma, Clóvis. Quando não conseguem nos atingir diretamente, atuam por tabela, sobre aqueles aos quais estamos ligados, principalmente familiares. Jovens são presas fáceis em suas mãos, nestes tempos de liberdade para a qual não estão preparados, estimulados pelas sombras ao sexo promíscuo, às drogas, ao alcoolismo. Mais do que nunca, impõe-se aquele *orar e vigiar*, recomendado por Jesus, a fim de que não nos perturbemos, ante o comportamento desavisado de nossos afetos.

Capítulo 36

Finalmente chegou o dia tão aguardado.

Por prudência, tão logo sentiu as primeiras contrações Juliana foi internada, submetendo-se logo depois, à cesariana.

Clóvis acompanhou a cirurgia e em breves minutos acolhia o pequeno ser, sentindo imensa ternura por aquele Espírito que vinha para curar-se e oferecer-lhe a oportunidade de sua própria redenção.

– Rita, Rita, minha filha querida! Deus a abençoe. Seja bem-vinda entre nós!

Juliana, igualmente emocionada, logo acolhia em seus braços a menina, enquanto enfermeiros e médicos presentes sensibilizavam-se ante o carinho com que os pais recebiam aquela criança, que revelava nos traços fisionômicos os sinais inconfundíveis da síndrome de Down.

Estavam habituados a ver, não raro, nos pais, sinais sutis de rejeição, mas aquele casal oferecia exemplos marcantes de um comportamento legitimamente cristão.

– Feliz, Juliana? – perguntou Clóvis, emocionado.

– Muito, meu querido, muito feliz, você nem imagina como! É uma dádiva de Deus confiar à nossa guarda esse Espírito que veio para sagrados reajustes. Tudo o que posso pedir ao Senhor é que correspondamos aos seus desígnios, cuidando com muito carinho de nossa Ritinha.

– Concorda, então, com o nome que sugeri. Você pensava em Clarisse...

– É que, tão logo a recebi em meus braços e a contemplei, vi que seu nome será Rita.

Clóvis sorriu. Era bem Rita de retorno, até no nome.

Já no quarto, receberam a visita de Luciano, que abraçou o casal, tomou a criança nos braços e falou emocionado:

– É uma irmã nossa que está chegando, submetendo-se a difícil provação que inibe o exercício pleno da razão. Haverá de ganhar muito com a experiência e vocês também, pais ideais que certamente lhe darão o carinho e a solicitude de que ela carece.

Após ligeira pausa, Luciano continuou:

– Na igreja católica há a cerimônia do batismo, em que a criança é submetida a um ritual de purificação, livrando-a de suposto pecado original, cometido por suposto casal, Adão e Eva, no suposto paraíso. A Doutrina Espírita explica que todo ato de comunhão com a espiritualidade deve ser do coração, sem ritos nem rezas, ofícios ou oficiantes... Assim, sugiro que ambos exortem a proteção divina para Rita. Nenhuma prece será mais poderosa, nesse particular, do que aquela que parte dos próprios pais.

Ante o estímulo de Luciano, o casal dispôs-se à oração.

Clóvis primeiro:

– Senhor Jesus, agradecemos a dádiva que nos concedeste, confiando-nos a nossa amada Rita. Tudo o que te pedimos, Senhor, é o discernimento para educá-la com o carinho que a faça sentir-se segura entre nós, ajudando-a a despertar para a vivência de teus princípios sagrados e a superar as próprias limitações.

Juliana:

– Senhor Jesus, faço minhas as palavras de meu esposo e peço-te, por acréscimo de misericórdia, não permitas que nos distraiamos de nossos compromissos, oferecendo a Rita amor irrestrito e solicitude permanente, tendo-a por joia preciosa no relícario do coração.

No berço, Rita sorria, enquanto Juliana, Clóvis e Luciano enxugavam as lágrimas, em ambiente iluminado com a presença de Artúrio e a emoção de Júlio e Francisca, que viam a filha muito amada iniciar o caminho de sua redenção.

Fora do hospital, sem acesso, Cícero remoía-se, odiento.

Capítulo 37

Cícero bem que tentara perturbar Joana, despertando nela o gosto pelas baladas e bebidas alcoólicas para irritar Clóvis e abrir novas brechas em favor da depressão.

A iniciativa fracassou, porquanto Joana comoveu-se com Rita, com sua fragilidade, vendo nela uma irmãzinha que precisava de seus cuidados, o que a levou a mudar seus hábitos noturnos. Preferia ficar em casa, auxiliando a mãe, encantada com a possibilidade de exercitar suas habilidades no cuidado de crianças, experiência que a ajudaria a definir seu futuro – seria médica pediatra.

Clóvis e Juliana rejubilavam-se com o comportamento da filha e a estimulavam a seguir nesse caminho que, na verdade, fora sua escolha ao reencarnar. Ela preparara-se na espiritualidade para o exercício da medicina voltada para as crianças.

O problema é que, como ocorre com frequência, a vocação ficara embotada pelas perplexidades da adolescência, período difícil para o Espírito, de muitas dúvidas e ansiedades, gerando perturbações.

Por outro lado, o ambiente escolar, de estímulo à inconsequência, marcado por festanças, como se fosse essa a finalidade da existência humana, não ajuda em nada.

Daí a facilidade com que Cícero a envolvera no propósito de perturbar a gestação de Juliana.

Mas agora que ela *entrara nos eixos*, seu acesso ficara vedado.

Felipe, mais centrado nos estudos, educado e disciplinado, não lhe oferecia nenhuma chance.

Restava apenas a influência sobre Clóvis, em face da ligação devedor/credor que marcava o relacionamento de ambos.

Por isso, não obstante os progressos feitos e o fato de estar trilhando caminhos retos, Clóvis não conseguia livrar-se inteiramente da depressão, refletindo o assédio do desvairado perseguidor.

•••••

Embora naquela marcação insidiosa, Cícero perdera o acesso ao lar de Clóvis a partir do momento em que a família unira-se nos cuidados a Rita.

O comportamento disciplinado, o empenho da oração, o carinho oferecido à filha, era um acender de luzes espirituais, iluminando o lar e vedando o acesso de Espíritos perturbados, ou perturbadores como ocorria com Cícero.

Em dado momento o obstinado obsessor contemplava desolado a residência agora inacessível para ele, quando alguém se aproximou, saudando-o:

– Então, Cícero, já criou juízo?

Olhou surpreso para Júlio, o ex-companheiro de perseguição a Clóvis, que o olhava sorridente e feliz.

– É você, seu fujão desavergonhado! – bradou, irado.

– Calma, meu amigo. Sou apenas alguém que reconheceu os próprios erros.

– Um miserável que não sustentou nosso acordo, bandeando-se de lado...

– É verdade, Cícero, mudei de lado. Mudei para o lado da Verdade e do Bem.

– Você é um covarde que concordou em ver sua filha transformada numa criança idiotizada, nas mãos de seu inimigo.

– Engano seu. É a minha Rita sendo tratada por benfeitores carinhosos, em favor de seu bem-estar. Enquanto eu atendia à sua convocação, via minha filha sem a mínima chance de recuperação e você mentindo para mim, a dizer-me que com o suicídio de Clóvis ela ficaria bem. Iludiu-me vergonhosamente.

– Essa é a sua opinião, a opinião de um fraco, que não é capaz de vingar-se do depravado que infelicitou sua filha...

– Hoje ele é o benfeitor que a recupera, tratando-a com um carinho que me emociona. E se você está cogitando ainda de seus propósitos, saiba que estou disposto a defender aquele lar de suas investidas.

– Você sabe perfeitamente, Júlio, que não terá a mínima chance de conter-me.

– Tem razão, sou muito pequeno para enfrentar seus poderes, mas estou tranquilo, porquanto há mentores muito mais poderosos do que eu a protegê-los. Ocorre que não estou interessado em entrar em contenda. A minha missão aqui é outra. Trago um recado...

– Recado?

– Sim. Lembra-se de dona Generosa e Nancinha?

Cícero estremeceu. Eram sua mãe e sua esposa, de quem perdera o contato desde que se empenhara naquela vingança.

– Quem lhe deu esses nomes?

– Elas mesmas.

– Não acredito. Isso é um ardil para desarmar-me.

– Pense como quiser. Só lhe digo que elas querem vê-lo. Disseram-me que você já fez muitas bobagens, já sofreu muito e está maduro para mudar de rumo, saindo dessa vala escura em que estagia voluntariamente.

– Nunca! Não terei descanso enquanto não vingar-me desse monstro que as matou.

– Não, meu caro, você não terá descanso enquanto não desistir dessa loucura. A vingança contraria as leis divinas. Jesus não se cansou de repetir que é preciso perdoar os ofensores para que tenhamos tranquilidade. Sei bem o que estou dizendo. Estive na sua situação, sofri muito e só tive paz e reencontrei minha amada Francisca quando perdoei. Não resista ao empenho de renovação, meu amigo. Perdoe, esqueça...

Cícero agitava-se.

– Não, não e não! Só os fracos se rendem!

– A verdadeira coragem está em perdoar, meu amigo. Esqueça o passado, cuide do futuro. Sua família espera por você.

Em desespero, Cícero fugiu. Correu durante um bom tempo como um louco, querendo fugir de si mesmo, daquela coisa que ia crescendo dentro dele, daquele sentimento de inutilidade e impotência, daquela angústia que o atormentava.

Exausto caiu de bruços e destampou a torrente das lágrimas. Era a primeira vez que acontecia aquele choro convulsivo, desde que se empenhara na loucura da vingança.

Pela primeira vez foi capaz de clamar:

– Meu Deus! Meu Deus! Compadece-te de mim!

Por entre o véu espesso das lágrimas, contemplou dois vultos femininos que se aproximavam. A emoção foi irresistível. Desmaiou, amparado pela mãe e a esposa.

– Graças te damos, Senhor! – disse Generosa, emocionada.

E, lembrando a parábola do filho pródigo, acentuou:

– Este meu filho estava perdido e foi encontrado.

Capítulo 38

Juliana acordou com o marido sorridente ao lado, trazendo Rita aconchegada ao peito.

– Que bom vê-lo assim, meu querido. Não me lembro de nenhum dia em que tenha acordado feliz.

– É verdade, meu bem. Como você sabe, o despertar sempre é a pior hora, em que a depressão aperta, mas hoje, milagrosamente, ela desapareceu. É como se houvessem tirado um peso terrível de minha alma! Estou muito bem, como há muito não me sentia.

– Certamente nossos mentores espirituais conseguiram, finalmente, afastar a entidade que o perturbava.

– Deus a ouça, querida!

•••••

Há alguns meses Clóvis fora *promovido* ao grupo principal do Discípulos de Allan Kardec, dirigido por Luciano, tendo em vista seus progressos nos estudos da doutrina, seu trabalho junto às crianças e a férrea disciplina a que se submetia, ainda que sob o guante da depressão.

Espíritos perturbados e perturbadores recebiam ajuda e orientação.

Numa dessas reuniões, ao encerramento manifestou-se Artúrio.

– Meus irmãos, temos obtido os mais notáveis exemplos de como a dedicação ao Evangelho renova nossos caminhos, habilitando-nos à felicidade e à harmonia. Mesmo diante de inimigos ferozes do plano espiritual, a prática do Bem, como ensinou Jesus, é o melhor recurso para nos mantermos equilibrados, contribuindo para que eles também se renovem e desistam de seus intentos, porquanto é impossível agredir indefinidamente alguém que persevera nos valores do Evangelho.

Hoje teremos um exemplo perfeito do que estou dizendo, na palavra de uma entidade que pediu permissão para dirigir-se a um dos presentes.

Instantes depois, outro médium deu passividade a um Espírito.

– Não tenho o direito de estar neste recinto sagrado, porém, por deferência dos mentores que aqui atuam venho dar o meu testemunho, dirigindo-me ao doutor Clóvis.

Devo dizer-lhe que durante muitos anos estive empenhado num propósito de vingança, em face de acontecimentos trágicos ocorridos há mais de cem anos, quando o senhor aniquilou minha vida e a vida de minha família por ambição.

Então, cego de ódio, nada almejei senão encontrá-lo e conduzi-lo ao suicídio pela depressão, para mais amplamente dominá-lo e castigá-lo no mundo espiritual.

Sei que lhe causei muitos transtornos e sofrimentos, pelos quais hoje lhe peço perdão, mas devo dizer-lhe que havia alguém a sofrer bem mais - eu mesmo, cego de ódio, sem paz, sem perspectiva, longe da família, dos entes queridos, prisioneiro da infelicidade, tanto quanto tentava aprisioná-lo na depressão.

Com a graça de Deus reconheço hoje meu engano e aqui estou, réu confesso, implorando-lhe que me perdoe. Não sei como consegui permanecer tanto nessa loucura, que apenas me infelicitava.

Se algo mais posso rogar-lhe é que ore por mim, porquanto o senhor hoje vê encerrada uma dura provação, enquanto que para mim ela apenas começa.

Não sei quanto tempo durará meu resgate. Estive com minha esposa e mãe, que sempre me acompanharam, sempre esperaram por minha regeneração. Sei hoje que não tenho o direito de ficar com elas. Meu ódio apenas nos distanciou, mas prometeram-me que continuarão a esperar por mim, a torcer para que eu seja firme nos propósitos de renovação...

Uma vez mais, suplico-lhe, doutor Clóvis: perdoe-me!

Cícero silenciou, enquanto a médium derramava grossas lágrimas, exprimindo sua emoção incontida.

Todos choravam, ante o impacto daquela cena, principalmente Clóvis, que pôde apenas murmurar, lavado em lágrimas:

- Sou eu quem lhe pede perdão, meu irmão, pelos males que lhe causei, inspirado na ambição, e rogo a Jesus nos abençoe a todos nos caminhos da redenção.

Capítulo 39

Dias depois, Clóvis comentou com Luciano.

– Lembra-se do que lhe disse em nosso primeiro encontro?

– Vagamente... Você fez referência à depressão que o atormentava...

– Repito textualmente: *Não é que eu pretenda matar-me. Quero apenas desaparecer! Sumir! Livrar-me desta horrível sensação de vazio, de inutilidade da existência...*

– Guardou *ipsis litteris...*

– Não tenho tão boa memória. Estava no início de uma carta que escrevi quando imbuído da ideia do suicídio.

– Não seria o primeiro, nem o último. A depressão é a causa maior do suicídio, essa porta falsa que apenas precipita o Espírito em sofrimentos mil vezes acentuados.

Clóvis sorriu, emocionado.

– Abençoado Espiritismo, que nos conscientiza sobre o assunto. Graças a você, que fez minha iniciação, estou invertendo aquele desejo.

– Invertendo?

– Sim. Digo assim: não é que eu queira apenas viver. Desejo ser útil, prestar serviços ao próximo, acentuar esta divina sensação de plenitude, de comunhão com as fontes da Vida.

– Magnífico, Clóvis, o mais perfeito enunciado de uma profissão de fé espírita cristã.

Olhos brilhantes por lágrimas que não chegavam a cair, o médico completou:

– Há meses o procurei pedindo ajuda para evitar o suicídio. Hoje o procuro para que me ajude a servir cada vez mais, consciente da realidade de um ditado que ouvi certa feita: *Quem não vive para servir, não serve para viver.*

Luciano abraçou Clóvis, feliz.

– Deus o abençoe, meu caro. Eu ficaria realizado se todos os que procuram o contato fraterno em nossa casa tivessem essa mesma consciência, alimentassem esse mesmo propósito – viver em plenitude a partir do empenho de fazer ao próximo o bem que gostaríamos de receber, como ensinava Jesus. Não há angústia, nem depressão, nem desajuste que resistam ao esforço consciente de alguém que descobriu essa fórmula mágica do bem viver.

BIBLIOGRAFIA DO AUTOR

01 – PARA VIVER A GRANDE MENSAGEM 1969
Crônicas e histórias.
Ênfase para o tema Mediunidade.
Editora: FEB

02 – TEMAS DE HOJE, PROBLEMAS DE SEMPRE 1973
Assuntos de atualidade.
Editora: Correio Fraterno do ABC

03 – A VOZ DO MONTE 1980
Comentários sobre "O Sermão da Montanha".
Editora: FEB

04 – ATRAVESSANDO A RUA 1985
Histórias.
Editora: IDE

05 – EM BUSCA DO HOMEM NOVO 1986
Parceria com Sérgio Lourenço
e Therezinha Oliveira.
Comentários evangélicos e temas de atualidade.
Editora: EME

06 – ENDEREÇO CERTO 1987
Histórias.
Editora: IDE

07 – QUEM TEM MEDO DA MORTE? 1987

Noções sobre a morte e a vida espiritual.

Editora: CEAC

08 – A CONSTITUIÇÃO DIVINA 1988

Comentários em torno de "As Leis Morais",

3ª parte de O Livro dos Espíritos.

Editora: CEAC

09 – UMA RAZÃO PARA VIVER 1989

Iniciação espírita.

Editora: CEAC

10 – UM JEITO DE SER FELIZ 1990

Comentários em torno de

"Esperanças e Consolações",

4ª parte de O Livro dos Espíritos.

Editora: CEAC

11 – ENCONTROS E DESENCONTROS 1991

Histórias.

Editora: CEAC

12 – QUEM TEM MEDO DOS ESPÍRITOS? 1992

Comentários em torno de "Do Mundo Espírita e dos Espíritos", 2ª parte de O Livro dos Espíritos.

Editora: CEAC

13 – A FORÇA DAS IDEIAS 1993

Pinga-fogo literário sobre temas de atualidade.

Editora: O Clarim

14 – QUEM TEM MEDO DA OBSESSÃO? 1993

Estudo sobre influências espirituais.
Editora: CEAC

15 – VIVER EM PLENITUDE 1994

Comentários em torno de "Do Mundo Espírita e dos Espíritos", 2ª parte de O Livro dos Espíritos.
Sequência de Quem Tem Medo dos Espíritos?
Editora: CEAC

16 – VENCENDO A MORTE E A OBSESSÃO 1994

Composto a partir dos textos de Quem Tem Medo da Morte? *e* Quem Tem Medo da Obsessão?
Editora: Pensamento

17 – TEMPO DE DESPERTAR 1995

Dissertações e histórias sobre temas de atualidade.
Editora: FEESP

18 – NÃO PISE NA BOLA 1995

Bate-papo com jovens.
Editora: O Clarim

19 – A PRESENÇA DE DEUS 1995

Comentários em torno de "Das Causas Primárias", 1ª parte de O Livro dos Espíritos.
Editora: CEAC

20 – FUGINDO DA PRISÃO 1996

Roteiro para a liberdade interior.
Editora: CEAC

21 – O VASO DE PORCELANA 1996

Romance sobre problemas existenciais, envolvendo família, namoro, casamento, obsessão, paixões...

Editora: CEAC

22 – O CÉU AO NOSSO ALCANCE 1997

Histórias sobre "O Sermão da Montanha".

Editora: CEAC

23 – PAZ NA TERRA 1997

Vida de Jesus – nascimento ao início do apostolado.

Editora: CEAC

24– ESPIRITISMO, UMA NOVA ERA 1998

Iniciação Espírita.

Editora: FEB

25 – O DESTINO EM SUAS MÃOS 1998

Histórias e dissertações sobre temas de atualidade.

Editora: CEAC

26 – LEVANTA-TE! 1999

Vida de Jesus – primeiro ano de apostolado.

Editora: CEAC

27 – LUZES NO CAMINHO 1999

Histórias da História, à luz do Espiritismo.

Editora: CEAC

28 – TUA FÉ TE SALVOU! 2000

Vida de Jesus – segundo ano de apostolado.

Editora: CEAC

29 – REENCARNAÇÃO – TUDO O QUE VOCÊ PRECISA SABER 2000
Perguntas e respostas sobre a reencarnação.
Editora: CEAC

30 – NÃO PEQUES MAIS! 2001
Vida de Jesus – terceiro ano de apostolado.
Editora: CEAC

31 – PARA RIR E REFLETIR 2001
Histórias bem-humoradas, analisadas à luz da Doutrina Espírita.
Editora: CEAC

32 – SETENTA VEZES SETE 2002
Vida de Jesus – últimos tempos de apostolado.
Editora: CEAC

33 – MEDIUNIDADE, TUDO O QUE VOCÊ PRECISA SABER 2002
Perguntas e respostas sobre mediunidade.
Editora: CEAC

34 – ANTES QUE O GALO CANTE 2003
Vida de Jesus – o Drama do Calvário.
Editora: CEAC

35 – ABAIXO A DEPRESSÃO! 2003
Profilaxia dos estados depressivos.
Editora: CEAC

36 – HISTÓRIAS QUE TRAZEM FELICIDADE 2004
Parábolas evangélicas, à luz do Espiritismo.
Editora: CEAC

37 – ESPIRITISMO, TUDO O QUE VOCÊ PRECISA SABER 2004
Perguntas e respostas sobre a Doutrina Espírita.
Editora: CEAC

38 – MAIS HISTÓRIAS QUE TRAZEM FELICIDADE 2005
Parábolas evangélicas, à luz do Espiritismo.
Editora: CEAC

39 – RINDO E REFLETINDO COM CHICO XAVIER 2005
Reflexões em torno de frases e episódios bem-humorados do grande médium.
Editora: CEAC

40 – SUICÍDIO, TUDO O QUE VOCÊ PRECISA SABER 2006
Noções da Doutrina Espírita sobre a problemática do suicídio.
Editora: CEAC

41 – RINDO E REFLETINDO COM CHICO XAVIER 2006
Volume II
Reflexões em torno de frases e episódios bem-humorados do grande médium.
Editora: CEAC

42 – TRINTA SEGUNDOS 2007
Temas de atualidade em breves diálogos.
Editora: CEAC

43 – RINDO E REFLETINDO COM A HISTÓRIA 2007
Reflexões em torno da personalidade de figuras ilustres e acontecimentos importantes da História.
Editora: CEAC

44 – O CLAMOR DAS ALMAS 2007

Histórias e dissertações doutrinárias.

Editora: CEAC

45 – MUDANÇA DE RUMO 2008

Romance.

Editora: CEAC

46 – DÚVIDAS E IMPERTINÊNCIAS 2008

Perguntas e respostas.

Editora: CEAC

47 – BEM-AVENTURADOS OS AFLITOS 2009

Comentários sobre o capítulo V de O Evangelho segundo o Espiritismo.

Editora: CEAC

48 – POR UMA VIDA MELHOR 2009

Regras de bem viver e orientação aos Centros Espíritas.

Editora: CEAC

49 – AMOR, SEMPRE AMOR! 2010

Variações sobre o amor, a partir de O Evangelho segundo o Espiritismo.

Editora: CEAC

50 – O PLANO B 2010

Romance.

Editora: CEAC

51 – BOAS IDEIAS 2011

Antologia de 50 obras do autor.

Editora: CEAC

52 – A SAÚDE DA ALMA 2011

Histórias e reflexões em favor do bem-estar.

Editora: CEAC

53 – O RESGATE DE UMA ALMA 2012

Romance.

Editora: CEAC

54 – O GRANDE DESAFIO 2012

Histórias e reflexões.

Editora: CEAC

55 – DEPRESSÃO – UMA HISTÓRIA DE SUPERAÇÃO 2013

Romance

Editora: CEAC